程视角下国研发中心逆向技术动绩效的影响因素

IMPACT FACTORS ON PERFORMANCE OF REVERSE TECHNOLOGY FLOW OF OVERSEAS R&D CENTERS: A PROCESS PERSPECTIVE

章东明◎著

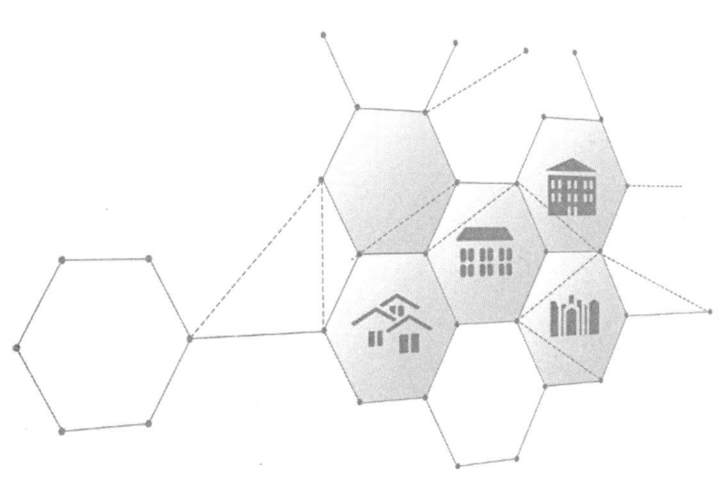

经济管理出版社
ECONOMY & MANAGEMENT PUBLISHING HOUSE

图书在版编目（CIP）数据

过程视角下跨国研发中心逆向技术流动绩效的影响因素/章东明著．—北京：经济管理出版社,2022.6

ISBN 978－7－5096－8475－7

Ⅰ.①过…　Ⅱ.①章…　Ⅲ.①跨国公司—技术转让—企业绩效—影响因素—研究—中国　Ⅳ.①F279.247

中国版本图书馆 CIP 数据核字(2022)第 107625 号

组稿编辑：魏晨红
责任编辑：魏晨红
责任印制：黄章平
责任校对：陈　颖

出版发行：经济管理出版社
（北京市海淀区北蜂窝 8 号中雅大厦 A 座 11 层　100038）
网　　址：www. E－mp. com. cn
电　　话：(010) 51915602
印　　刷：北京虎彩文化传播有限公司
经　　销：新华书店
开　　本：720mm×1000mm/16
印　　张：10.25
字　　数：161 千字
版　　次：2023 年 3 月第 1 版　　2023 年 3 月第 1 次印刷
书　　号：ISBN 978－7－5096－8475－7
定　　价：68.00 元

前　言

早在20世纪60年代在发达国家就出现了跨国研发中心，近年来，随着新兴经济体的发展，已经有越来越多的新兴经济体跨国公司将跨国研发中心设立在发达国家，通过跨国研发中心在东道国获取跨国公司自身或母国没有的新知识，从而找到未来竞争力的来源（Kuemmerle，1999；Pearce，1999）。跨国研发中心逐渐成为跨国公司获取世界领先技术、增强全球竞争力的重要担当。

随着中国改革开放的不断深入和“一带一路”倡议的提出，“创新驱动发展”“加快建设创新型国家”已成为国家的重大发展战略。作为国家创新的主力军，中国企业纷纷“走出去”，在美国、加拿大、英国、日本等发达国家设立了跨国研发中心，以期从投资所在的东道国获取或开发新技术，然后分享给母公司，即通过实现逆向技术流动来提升企业和国家创新能力。在这个过程中，跨国研发中心依次实现了技术沿东道国到跨国研发中心的流动以及技术沿跨国研发中心到母公司的流动，本书将之分别看作逆向技术流动初阶段（以下简称“初阶段”）和逆向技术流动终阶段（以下简称“终阶段”）。

逆向技术流动绩效的影响因素是学术界和企业关注的焦点。针对这一问题，本书通过梳理已有文献，提出从过程视角进行逆向技术流动绩效的影响因素研究，一方面是对现有研究视角的突破，另一方面为实现逆向技术流动的两个阶段（初阶段和终阶段）的研究提供了思路。本书对于跨国研发中心更好地管理逆向技术流动过程、优化跨国公司的资源配置，从而提高逆向技术流动效率具有重要的现实意义。

本书共设七章，遵循“提出问题—解决问题”的逻辑来安排。第1章解释了研究背景，并提出研究问题。第2章对该领域已有的相关研究进行文献综述，找到解决问题的切入点，分解研究问题。在解决问题的过程中，依次运用了文献分析（第3章）、仿真研究（第4章）和问卷调研（第5章和第6章）来进行影响因素的研究。第7章给出了研究结论和政策建议。

梳理文献发现，逆向技术流动绩效的影响因素研究中，研究视角相对集中在参与主体如技术发出方和技术接收方组织的相关特点以及二者之间的关系上。而基于知识转移理论，知识转移是一个动态过程，该过程中知识转移情境、所转移的知识、知识转移渠道和知识转移双方动力对知识转移绩效的影响受到学者关注。据此有理由认为，逆向技术流动本质上也是技术流动的过程，且该过程包含初阶段和终阶段。那么，流动情境、技术、流动渠道和动力是否对两个阶段均产生影响？影响规律是怎样的？两个阶段受到这四个因素的影响有何异同？对此，本书构建了逆向技术流动二阶段四因素（2P－4F）的研究框架。

为了探究这些因素的具体影响，本书首先进行了影响因素的仿真研究。基于2P－4F研究框架，深入分析逆向技术流动过程，使用系统动力学方法在Vensim PLE软件上构建逆向技术流动2P－4F的系统模型，然后对四因素进行敏感性分析。研究表明，初阶段相对终阶段对四因素的变化更为敏感，而四因素对于逆向技术流动的重要性从高到低依次是流动渠道、技术、动力和流动情境。从具体影响来看，动力和流动渠道（主要指正式流动渠道）均呈正向影响，前者的短期驱动更强，后者的长期影响更平稳有力；技术的可观察性（或可表达性）和团队依赖性分别呈正向、负向影响，且团队依赖性在长期相对更具决定作用；流动情境的负向影响在短期并不明显，长期呈较弱的负向影响。

为了检验和丰富仿真研究结论，本书基于对中国样本的调研数据，在Smart PLS软件上构建PLS－SEM路径模型进行实证分析。实证研究结果检验了技术、流动渠道和动力对逆向技术流动绩效的影响关系，表明这三个因素的影响也符合中国跨国研发中心逆向技术流动的一般实践。流动情境对初阶段绩效有显著的负向影响，但影响程度相对较小，而流动情境对终阶段绩效的负向影响并不显著。

本书得到如下结论：

第一，流动情境对逆向技术流动绩效的负向影响并不绝对，总体来看相对其他三因素起不到关键作用。第二，技术的显性程度越高，即可观察性和可表达性越高，团队依赖性越低，就越容易实现逆向技术流动。第三，流动渠道尤其是正式流动渠道相对其他三因素对逆向技术流动绩效的长期影响最为关键，使用频率越高，越有利于逆向技术流动。第四，动力的正向影响在短期内相对其他三因素更有助于逆向技术流动的快速实现。第五，逆向技术流动初阶段是整个过程的关键，且初阶段对影响因素的变化更为敏感。

根据上述结论，初阶段对逆向技术流动起决定性作用，且对影响因素的变动有较高的敏感性，故针对初阶段即跨国研发中心在东道国的技术获取，从流动情境、技术、流动渠道和动力四方面提出以下建议：

一是在战略上藐视流动情境（文化和语言）差异，在战术上多途径克服由此引起的障碍。二是以团队形式培养或引进人才，提高隐性技术流入的可能。三是总结和探索一些有用的流动渠道，并加以复制和推广，保障可实现逆向技术流动的通道。四是激发并增强跨国研发中心的动力，快速实现逆向技术流动。

本书的创新之处体现在以下几点：

（1）从过程视角构建逆向技术流动绩效的影响因素研究框架，突破了现有研究的视角，也实现对逆向技术流动的二阶段研究。在以往的影响因素研究中，技术发出方、技术接收方以及二者之间的关系受到学者相对较多的关注，本书受知识转移相关研究的启发，将逆向技术流动看作一个过程，对该过程中的一些因素进行剖析和研究，构建了逆向技术流动绩效的影响因素研究框架，突破了现有的研究视角。由于本书界定的逆向技术流动包含二阶段，也实现了对逆向技术流动的二阶段研究。

（2）运用仿真技术对影响因素进行敏感性分析，为理解逆向技术流动过程提出新的思路。对影响因素进行仿真研究时，系统分析了逆向技术流动的内在过程包括分析二阶段的联结问题，这更进一步认识了逆向技术流动的过程。通过敏感性分析，在仿真环境下实现了对各因素长、短期作用的研究，有助于更加深刻地理解逆向技术流动过程。

（3）对中国跨国研发中心进行实证研究，丰富了研究结论以及该领域的中国样本研究。对中国样本的实证研究，得出流动情境对初阶段绩效有显著的负向影响，但影响路径系数较小，这与仿真研究结论一致，但实证研究还得出流动情境与终阶段绩效之间并没有显著的负向关系，可以看出，流动情境的影响并不是绝对的，这丰富了仿真研究结论。另外，通过回顾现有研究发现，越来越多的学者开始关注中国跨国研发中心的逆向技术流动，本书在一定程度上丰富了现有文献。

未来研究可沿着以下思路继续：一是探究影响因素之间可能存在的相互作用，更进一步理解逆向技术流动的内在过程。二是长期追踪并扩充中国跨国研发中心的调查样本，通过一手数据动态研究更多中国跨国研发中心的逆向技术流动。

目　录

1 绪论

1.1 研究背景

随着中国改革开放的不断深入和“一带一路”倡议的提出，“创新驱动发展”“加快建设创新型国家”已成为当前国家发展的重大战略。在中国对外投资规模持续增长的同时，对外投资的产业结构、方式结构、主体结构等在不断优化，逐渐向高端迈进。对外投资已从传统的在境外设立贸易公司发展到设立跨国研发中心从而积极融入全球创新网络的模式。跨国公司作为国家创新的重要力量，是国家创新发展中主导研发全球化的主体，越来越趋向于在发达国家设立跨国研发中心，追踪和获取世界领先技术，寻找企业和国家核心竞争力的来源。2010 年，中国有 68 家创新型（试点）企业设立了 106 家跨国研发机构，主要分布在北美、欧洲、日本等发达国家或地区①，2016 年中国公司宣布已建立 9 家新的跨国研发中心②。在数据收集过程中发现，截至 2018 年 3 月已经有 128 家中国企业共设立了 199 家跨国研发中心。

理论研究表明，越来越多的跨国公司将建设跨国研发中心视作获取或开发新技术的方式（Cantwell，1995；Cantwell & Piscitello，1999），尤其是新兴经济体

---

① 中国经济网．设立海外研发机构助力企业国际化［EB/OL］．http：//news. 163. com/12/0713/08/869EHM2E00014JB5. html，2012－07－13.

② 田颖．英媒：“中国研发”迅速走向全球　正扩展未知领域［EB/OL］．http：//www. xinhuanet. com/world/2016－09/06/c_ 129271018. htm，2018－05－18.

的跨国公司在海外设立研发中心并不是为了开发既有优势，而是寻求新的优势和能力（Goldstein, Bonaglia & Mathews, 2006; Ramamurti & Singh, 2009）。跨国研发中心在国外承担技术开发角色，致力于竞争前的研究（Pearce & Papanastassiou, 1997），向国内母公司提供外国技术能力，最终让跨国公司总体的技术竞争力得到累加（Florida, 1997; Kuemmerle, 1999）。

华为和中兴作为较早在发达国家设立跨国研发中心的企业，已经逐渐发展成为世界瞩目的技术创新型跨国公司。但正如 Fu（2015）所言，除华为和中兴外，中国大部分企业的技术创新能力仍然相对滞后，很多跨国公司也设立了跨国研发中心，却并没有达到显著的提升技术的目的。虽然原因是多方面的，但对于设立跨国研发中心的跨国公司而言，它们确实面临一个挑战，即如何利用跨国研发中心在东道国寻求技术，并且能够跨越组织边界和地域边界转移到国内母公司（Sanna - Randaccio & Veugelers, 2007），这不仅需要跨国研发中心在东道国开发出新的技术，而且还要将这些新的技术被母国应用并获得利润（Ghoshal & Barlett, 1988）。

已有学者对上述跨国研发中心的技术获取和技术分享活动进行了研究，其中逆向技术溢出和逆向技术转移受到了相对较多的关注，且影响因素成为学者关注的焦点。这些文献研究了跨国研发中心的设立时间（Borini et al., 2012）、技术能力（Song et al., 2003; Mudambi et al., 2014）、母公司技术吸收能力（吴先明等，2014；Nair et al., 2016）、跨国研发中心和母公司之间的协调机制（Rabbiosi, 2011）或管理理念差异（Athreye et al., 2013）等因素的影响，为企业实践提供了丰富的理论指导，也为本书提供了一定的研究基础。

1.2 概念界定和问题提出

1.2.1 “逆向技术流动”的概念界定

根据崔新健和章东明（2016）对逆向技术溢出和逆向技术转移内涵的研究，

发现逆向技术溢出实现了技术从东道国到跨国研发中心的流动，逆向技术转移实现了技术从跨国研发中心到母公司的流动。逆向技术溢出和逆向技术转移分别是无意识和有意识的技术流动。不难理解，跨国研发中心在东道国的技术获取还应存在其他有意识的技术流动，如传统的技术转移等；同理，跨国研发中心向母公司进行技术分享时，除了逆向技术转移外，还应存在其他无意识的技术流动，如传统的技术溢出等。

不管是哪种形式的技术流动，最终都是为了实现技术从东道国流向跨国研发中心，再流向母公司的目的。本书对其中可能发生的技术流动形式不作深究，而统一将技术沿东道国—跨国研发中心—母公司的流动界定为逆向技术流动。可以看出，跨国研发中心要实现逆向技术流动至少有两步：一是从东道国获取技术；二是将技术分享到母公司，依次实现技术沿东道国到跨国研发中心的流动和技术沿跨国研发中心到母公司的流动。本书将之分别看作逆向技术流动的初阶段（以下简称“初阶段”）和逆向技术流动终阶段（以下简称“终阶段”）。

1.2.2 问题提出

跨国研发中心逆向技术流动的成功实现是跨国公司“走出去”战略成功实施的关键。已有学者在研究中多将逆向技术流动看作一个行为动作，研究行为主体如技术发出方和技术接收方组织的相关特点以及二者之间关系的影响。而基于知识转移理论，知识转移是知识发送方和接收方之间来回不断发送的过程（Teece，1977；Doz & Santos，1997；Szulanski，1996，2000），该过程中知识转移情境、所转移的知识、知识转移渠道和知识转移双方动力对知识转移绩效的影响受到学者的关注。有理由认为，逆向技术流动本质上也是技术流动的过程，该过程包含初阶段和终阶段的技术流动。那么，流动情境、技术、流动渠道和动力是否对两个阶段均产生影响？对此，依次提出以下三个具体问题：

（1）过程视角下逆向技术流动绩效的影响因素有哪些？回答该问题有助于更深入地认识逆向技术流动的本质，通过分析逆向技术流动的内在过程来寻找影响因素，并对这些因素与逆向技术流动绩效的关系进行理论分析，确定出本书可以研究的影响因素，从而构建本书的研究框架。

（2）仿真环境下这些因素对逆向技术流动绩效的具体影响是怎样的？借助仿真技术对逆向技术流动过程和影响因素进行较为系统的分析，基于现实中的典型企业案例和已有的理论研究结果，构建仿真研究模型，然后对各因素进行敏感性分析，得出仿真环境下各因素对逆向技术流动绩效的影响。仿真研究有助于掌握逆向技术流动过程中各因素的一般影响规律，更进一步理解逆向技术流动的过程。

（3）对于中国跨国研发中心的逆向技术流动，这些因素的具体影响是怎样的？对该问题的研究有助于检验仿真研究结论是否适用于中国跨国研发中心的逆向技术流动实践。由于中国企业“走出去”设立跨国研发中心的起步时间相对较晚，且作为发展中国家和新兴经济体，中国跨国研发中心逆向技术流动的过程受这四因素的影响是否符合一般规律，有待进一步检验。

1.3 研究意义

1.3.1 理论意义

（1）突破了现有影响因素的研究视角。本书将逆向技术流动看作一个过程而不是一个行为，剖析这个过程中可能存在的影响因素，这和以往文献中将逆向技术流动看作一个行为，对行为参与者即技术发出方和技术接收方进行研究的视角不同，过程视角为影响因素研究提供了新的思路。

（2）实现了逆向技术流动的二阶段研究。逆向技术流动包含两个阶段：初阶段实现了技术从东道国到跨国研发中心的流动，终阶段实现了技术从跨国研发中心向母公司的流动，对于跨国公司的技术寻求目标而言，这两个阶段缺一不可。因此，对两个阶段的研究有助于从全过程分析逆向技术流动，对透视逆向技术流动内在本质提供了理论基础。

1.3.2 现实意义

跨国公司正处在研发全球化时代，在日益竞争的环境下，越来越多的跨国研发中心承担了跨国公司获取世界领先技术从而融入全球化的使命。跨国研发中心如何更高效地实现逆向技术流动是跨国公司关心的重要问题，也是跨国公司能否保持核心竞争力的关键。本书深入剖析逆向技术流动的内在过程并找到影响逆向技术流动绩效的因素，有重要的现实意义：

一是为跨国研发中心的研发活动提供了事前的理论指导。识别逆向技术流动过程中的影响因素，有助于对逆向技术流动做出可行性评估，更能主动掌握逆向技术流动的实现和成效。

二是为跨国研发中心配置和优化资源提供了理论依据。通过研究得出不同因素对逆向技术流动绩效的影响程度，为跨国公司合理有序地配置跨国研发中心相关资源提供了理论依据，这对于跨国公司的战略实施有重要的现实意义。

1.4 研究方法和技术路线

1.4.1 研究方法

为达到研究目的，本书选取的研究方法主要有：①文献研究法。首先，通过梳理和归纳跨国研发理论和知识转移理论，并找到对本书研究有支撑的具体理论。其次，梳理逆向技术流动相关的文献，为研究找到切入点。最后，还通过文献研究，确立过程视角下影响逆向技术流动绩效的因素，构建本书的研究框架。②仿真研究方法。本书运用系统动力学，在 Vensim PLE 软件上构建仿真模型，然后对影响因素进行敏感性分析，考察四因素影响逆向技术流动绩效的一般规律。③问卷调研法。以中国跨国研发中心为研究对象，设计问卷进行发放，基于回收到的一手数据，实证研究四因素对逆向技术流动绩效的影响规律。

1.4.2 技术路线

本书共有 7 章，遵循“提出问题—解决问题”的逻辑安排各章内容，技术路线如图 1－1 所示。

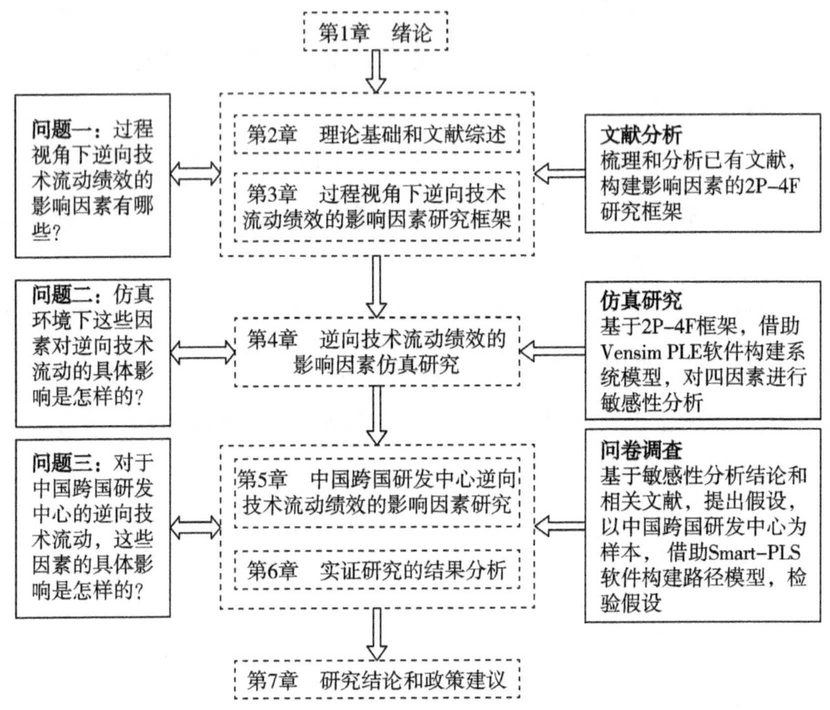

图 1－1 技术路线

第 1 章主要基于研究背景提出本书的研究问题，并说明研究的理论意义和现实意义，以及可能存在的创新点。第 2 章是理论基础和文献综述。根据研究问题，对相关理论和文献进行梳理，从而找到解决研究问题的切入点，并分解研究问题。第 3 章从过程视角分析逆向技术流动绩效的影响因素，从而构建本书的研究框架。第 4 章在仿真环境下研究各因素对逆向技术流动绩效的影响。基于已经构建的研究框架，应用系统动力学方法，对逆向技术流动过程进行深入分析，在 Vensim PLE 软件上构建逆向技术流动过程的系统模型，并通过敏感性分析，得到各因素对逆向技术流动绩效的一般影响规律。第 5 章和第 6 章对中国跨国研发中心逆向技术流动绩效的影响因素进行研究。首先研究了中国企业跨国研发投资的总体现状，然后基于中国跨国研发中心的调研数据，在 Smart – PLS 软件上构建各因素与逆向技术流动绩效关系的路径模型，通过实证分析，得到各因素对中国跨国研发中心逆向技术流动绩效的影响。第 7 章给出了本书的研究结论，并基于研究结论提出了政策建议。

1.5 主要创新点

本书的创新点主要表现在以下三个方面：

（1）从过程视角构建逆向技术流动绩效的影响因素研究框架，突破了现有研究的视角，也实现了对逆向技术流动的二阶段研究。在以往影响因素的研究中，技术发出方、技术接收方以及二者之间的关系方面受到了较多的关注，受知识转移相关研究的启发，本书将逆向技术流动看作一个过程，对该过程中的一些因素进行剖析和研究，构建了逆向技术流动绩效的影响因素研究框架，突破了现有的研究视角。由于本书中界定的逆向技术流动包含二阶段，也实现了对跨国研发活动的二阶段研究。

（2）运用仿真技术对影响因素进行敏感性分析，为理解逆向技术流动过程提出了新的思路。对影响因素进行仿真研究时，系统分析了逆向技术流动的内在过程包括分析二阶段的联结问题，这更进一步认识了逆向技术流动的过程。通过敏感性分析，在仿真环境下实现了对各因素长期、短期作用的研究，有助于更加深刻地理解逆向技术流动过程。

（3）对中国跨国研发中心进行了实证研究，丰富了本书的研究结论以及该领域的中国样本研究。对中国样本的实证研究，得出流动情境与初阶段绩效是负相关关系，与终阶段绩效并没有显著的关系，这和敏感性分析结论并不完全一致，但与其他三个因素相比，流动情境总是起不到关键作用，这丰富了研究结论。另外，回顾现有研究发现，越来越多的学者开始关注中国跨国研发中心逆向技术流动，因此，本书对现有研究起到了一定的丰富作用。

2 理论基础和文献综述

2.1 理论基础

2.1.1 跨国研发理论

2.1.1.1 跨国研发的动机研究

在传统的对外直接投资（Outward Foreign Direct Investment，OFDI）理论中，Dunning（1988）的 OLI（Owership，Location，Internalization）框架强调跨国公司通过 FDI 在东道国最大化某一优势后，将会降低成本、弱化竞争劣势，并能够接触到全球价值链。国内市场不足、全球竞争压力、政府政策的刺激、利润增长、资本价值保护等驱动因素促使跨国公司在海外开发既有优势（如资产开发，Asset - exploitation）。OLI 框架并没有解释海外新企业的构成以及初期发展过程或者获取和保持竞争优势的动态性（Mathews，2002，2006；Luo，2002）。

20 世纪 60 年代，一些发达国家的跨国公司开始将跨国研发中心投资建设在其他发达国家，此时 OLI 理论不足以解释这种现象，跨国研发的动机重新引起学者思考和关注。Zander（1991）强调了东道国知识资源对海外子机构知识创新的重要性。Simonin（1999）认为，企业在技术领先的国家投资，主要为了获得当地技术的外部性，这些技术溢出可能降低企业的生产成本。Alice（1997）使用专利引用数据研究发现，外国子公司引用本区域内公司专利的数量显著增加，支持了技术从东道国向外国子公司转移这一观点。Branstetter（1996）的研究表明，

投资于美国的日本企业引用美国公司专利的可能性显著提高了。在调研方面，Florida（1997）研究表明，跨国公司建立跨国研发中心是为了获取人力资源和技术专家，这已经成为跨国公司的主要动力。另外，关于技术沿跨国研发中心—国内母公司路径的流动研究方面，Frost（1998）研究了美国跨国公司 1980 ~ 1990 年的创新转移表明，逆向创新转移（Reverse Innovation Transfer）相对于传统的从母公司向海外子公司创新转移（Innovation Transfer）的重要性。Håkanson 和 Nobel（2000）首次使用逆向技术转移（Reverse Technology Transfer）来表示技术从跨国研发中心向国内母公司的转移，他们向瑞典的 17 家大型跨国公司在欧洲及北美的海外研发实验室的 110 位研发管理人员发放问卷，发现有一半的研发子机构将其在东道国获得的领先新技术转移到了母国的制造业或研发机构。

随着新兴经济体跨国公司的全球化进程越来越快（Gupta et al.，2000），学界也出现了一些新的理论框架以补充 OLI 框架：一是 Mathews（2002，2006）的 LLL 框架（联结 Linkage，举债经营 Leverage，学习 Learning），Mathews 认为新兴经济体跨国公司通常都是后发企业，因此这类企业加速全球化有非常清晰的目标即获得母国市场所没有的资本、资源以及能力。如此，可以通过向国外大型跨国企业提供某方面服务从而实现全球化联结，这些服务甚至不会产生任何利润，通过这样的联结，后发跨国企业举债经营可以获得大型跨国公司的互补性资源，从而获得有利于本企业的知识和竞争资产。如此往复，后发企业从中不断学习实现竞争全球化。二是 Luo 和 Tung（2007）的跳板视角（Springboard Perspective）表明，新兴经济体跨国公司将系统化地以国际化扩张作为跳板，以获得足以和竞争对手抗衡、避免母国制度化和市场限制的关键性资源，新兴经济体跨国公司国际化行为是为了在全球市场上占据竞争位置。

2.1.1.2 跨国研发中心类型研究

基于不同的对外直接投资动机，跨国研发中心有不同的职能和角色。跨国研发中心可以划分成两种：一是基于母国的技术开发型（Home - base Exploiting，HBE）；二是基于母国的技术扩张型（Home - base Augmenting，HBA）（Ambos & Schlegelmilch，2007）。前者通常将跨国研发中心设在当地较大的市场或制造业附近，以支持海外产品或市场；后者主要是为了利用所在地的技术优势，通过在所在地开发并扩展已有技术，从所在地甚至全球范围探索新知识，越来越多的学者认同这种海外研发投资类型。

也有学者从跨国研发中心从事的具体的研发活动出发，将跨国研发中心分为R型和D型，Todo和Shimizutani（2008）对日本跨国公司进行了研究，认为研发分为基础/应用研究（Basic/Applied Research）和发展/设计研究（Development/Design），并将日本研发中心归为R型。R型研发中心旨在利用和获取母国所没有的先进知识，D型研发中心旨在利用现有的技术和产品满足东道国的当地条件（Kuemmerle，1999；Pearce，1999）。

根据跨国研发中心的角色，可以将其分为贡献型研发中心、创新型研发中心和实施型研发中心（Rabbiosi，2011；Rabbiosi & Santangelo，2013）。这种分类其实仍然是基于HBA型和HBE型，当研发中心不具备这两种目的时，则为实施型研发中心，仅仅是HBE型的研发中心承担贡献者角色，一些研发中心可能既基于技术积累目的，也基于技术开发目的，也就是兼HBA型和HBE型的研发中心，承担创新者角色。

跨国研发中心虽有不同的类型归纳，但本质区别在于设立目的——为满足当地市场还是为实现技术上的全球竞争力。依据上述三种视角可知，进行逆向技术流动的跨国研发中心，属于基于母国的技术扩张型，并主要从事R型研究活动并承担创新型角色。需要注意的是，随着跨国公司全球化的发展，跨国研发中心的目的、活动及角色会发生演化（Von Zedtwitz & Gassmann，2002）。

2.1.2 知识转移理论

知识转移理论源于Teece的“技术国际转移”思想。Teece（1977）认为，知识转移是知识在知识发送方和接收方之间来回不断发送的过程。根据上文对“技术”和“知识”内涵的梳理，技术和知识并没有严格的区分。逆向技术流动思想是继知识转移之后产生的，因此，梳理知识转移过程以及知识转移绩效的影响因素研究文献，对于理解逆向技术流动过程和寻找逆向技术流动绩效的影响因素有重要的启发意义。

2.1.2.1 知识过程研究

知识转移过程的研究起源于传播学理论。1948 年，美国学者 Lasswall 在《社会传播的结构与功能》一书中，从传播学角度提出了信息传播过程的“5W”理论，认为信息传递的直线传播模型包括五个因素：信息来源方、信息自身、信息渠道、信息接收方、传播效果。

根据传播学理论，学者研究了知识转移的过程因素。Doz 和 Santos（1997）认为，知识转移的过程应包含知识提供方、知识接收方、转移渠道、被转移的知识以及转移所嵌入的情景等因素。他还强调转移的知识一定要适应接收者的情境需求。Alice 等（1997）认为，知识内嵌于组织的作业流程、交流方式、社会文化及职位的定义之中，难以剥离这些情境而孤立地转移。Inkpen（1998）在研究知识转移情境时使用了“知识图谱”概念，指出“图谱包含环境、文化、战略、决策和技术五个维度”，认为情境会形成组织认知，利用组织认知可以获得竞争优势的能力。在此前提下，情境并不属于知识内容，而是以背景的形式存在。

Szulanski（1996，2000）认为，知识转移不是一个动作，而是一个过程，是在一定情境中从知识的源单元到接收单元的信息传播过程。他通过知识转移的沟通模型描述了信息从发送方向接收方的传递过程，该过程有两个关键阶段：发送方的信息编码过程和接收方的信息解码过程。全过程包含五个基本因素：知识发送方、转移渠道、知识内容、知识接收方与转移情境，各因素之间的相互作用影响了知识转移的有效性。Szulanski 还特别强调知识转移的过程类比于信息的沟通过程，是在特定的情境中从知识发送方向接受方传送知识的过程，转移情境如组织环境和沟通交流的缺乏等都会对知识转移效果产生消极影响。

也有学者对知识转移过程的不同模式进行了研究。Nonaka（1994）提出了二维知识转移模式，体现了知识从认识论维度到存在论维度转移的步骤。Gilbert 和 Cordey（1996）研究了知识转移五阶段模式，得出了四阶段知识转移模式，即知识经过知识获取、知识沟通、知识应用和知识接受四阶段。然后，他们对劳埃德银行进行实证研究后修正了原有模型，即在原有模型的基础上增加了知识转移过程中的“同化”（Assimilation）阶段，如此构建了知识获取、知识沟通、知识应用、知识接受、知识同化的知识转移五阶段模型。Gilbert 和 Cordey 认为知识同化是一个创造性的过程（Creative Process），这是因为组织成员对于获取的新知识，必须要基于过去累积的知识加以整合与重构，这就修正了组织成员对过去一些知识的认知、态度和行为。知识转移五阶段模型如图2-1所示。

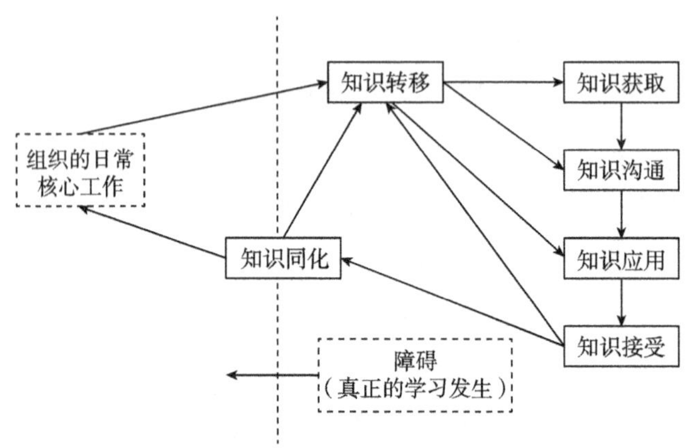

图2-1 知识转移五阶段模型

资料来源：Gilbert M.，Cordey-Hayes M. Understanding the Process of Knowledge Transfer to Achieve Successful Technological Innovation［J］. Technovation，1996，16（6）：301-312.

Shin和Kook（2014）提出了基于知识代理人的虚拟组织知识转移模型。Tushman和Katz（1980）提出，由于有些知识转移的成本相对较高，在这种情况下，一种有效的解决途径是寻找知识源和需求者之间的知识代理人，这样能够有效地解决知识源和知识需求者之间在组织理解或转换能力方面的差异。知识代理也就是通过积极参与多种组织活动，将知识源和知识寻求组织以某种方式联结到一起。他们将虚拟组织之间的知识代理人定义为：通过知识转移活动在多重虚拟组织之间建立联系。知识代理人与知识寻求虚拟组织进行交流以确定虚拟知识对外部知识的一些需求，与知识源企业进行协调来获取知识。然后，知识代理人对这些所获取的知识进行理解，从而在知识寻求企业内部进行扩散。随着这些知识代理人活动的增加，外部知识通过两阶段从知识的发送方被传递到知识寻求方。第一阶段，收集从知识源组织发送的知识并使之内部

化。第二阶段，通过接收方组织的本地化语言转换所接收到的知识并使其外部化，如图2－2所示。Shin和Kook（2014）认为，知识代理人在信息的发送方和接收方之间扮演着传输媒介的角色。由于知识转移需要理解转移双方业务流程、文化或规范，因此，知识代理人作为能理解转移双方共有知识的角色显得尤为重要。

Inkpen（1998）强调，企业管理者作为代理人在组织之间传递知识中扮演着重要的角色。Tushman（1980）提出，知识代理人即承担着从外部收集相关信息，并使这些收集的知识在组织中流动的角色。

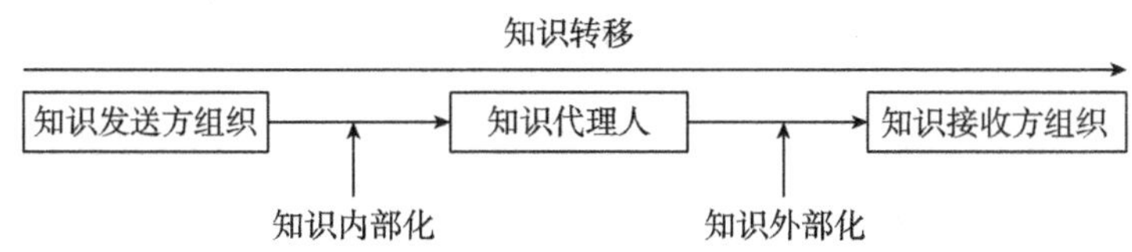

图2－2　基于知识代理人的知识转移模型

资料来源：Shin S. K., Kook W. Can Knowledge be more Accessible in a Virtual Network: Collective Dynamics of Knowledge Transfer in a Virtual Knowledge Organization Network [J]. Decision Support Systems, 2014 (59): 180－189.

从知识转移过程的相关研究可知，知识转移是知识从知识发出方经过一系列的中间步骤才到达知识接收方被吸收的过程，这个过程需要一定的条件和步骤，并不是简单的点对点行为。对于跨国研发中心的逆向技术流动而言，根据Nonaka（1994）的知识转移模型，技术同样也存在获取、沟通、接收和应用等阶段。根据Shin和Kook（2014）的模型，可以将跨国研发中心看作一个技术代理机构，它实现了跨国公司在异国的技术获取。因此，知识转移的相关研究，对于理解逆向技术流动过程有重要的启发意义。

2.1.2.2　知识转移绩效的影响因素研究

基于对知识转移过程的研究，学者对知识转移过程中知识发出者、知识接收者、知识本身、转移渠道以及转移情境等因素对知识转移绩效的影响做了较多的研究。

关于知识发出方和知识接收方，不少学者研究了二者参与知识转移的动力对知识转移效果的影响。对于知识发出方，其知识存量和意愿受到了相对较多的关注。在跨国公司里，当其中某一个子公司拥有更多存量的知识时，就会对其他子公司产生更大的吸引力。Gupta 和 Govindarajan（2000）认为，当知识发出单元的知识存量越多，尤其是不可复制的知识越多时，其他单元向之学习的动力越强，就越有可能向其他单元外流。因此，知识发出方的分享意愿很重要。

还有一些学者研究了知识发出方和知识接收方的组织结构对知识转移效果的影响（Foss & Pedersen，2002；Gupta & Govindarajan，1991；McCann & Mudambi，2005）。从跨国公司母公司和子公司之间的知识转移角度，子公司可以分成竞争创造型和竞争开发型（Competence Creation versus Competence Exploitation，Cantwell & Mudambi，2005），母公司通常期望竞争创造型子公司能够引进新知识供其他组织单元应用并且成为优秀代表（Birkinshaw & Hood，1998；Frost，Birkinshaw & Ensign，2002）。相反，母公司通常期望竞争开发型子公司在东道国市场使用母公司已有的知识。因此，竞争创造型子公司主要是接收从母公司转移到当地市场的知识，并运用这些知识，而竞争开发型子公司则往往需要在当地开发对于整个跨国公司而言的新知识，如新产品、新技术、新实践以及新技能（McDonald et al.，2005；Papanastassiou & Pearce，1997；Pearce，1999）。

对于知识本身而言，知识相关性受到了学者的较多关注。知识相关性即本地知识和外部知识相关的程度（Schulz，2003）。知识发出者转移的知识对接收方越有用，接收方越能感知到这些知识的作用，即这些知识与接收者需要的知识相关。因此，知识决策者认为知识相关性具有很高的价值（Feldman & March，1981）。再者，当接收到的知识与企业现有知识相关时，企业也会更快识别新知识的潜在功能，并能迅速做出反应，如采取措施来消化并使用新知识（Mudambi & Navarra，2004）。Gupta 和 Govindarajan（2000）认为，目标技术知识的相关性在知识流动中有重要作用，尤其是技术知识的吸引力是技术接收方考虑是否接收的一个重要因素。这种吸引力与技术知识相关性以及技术知识的不可复制性有关。技术知识相关性也是技术流动发生的关键条件，持相同观点的还有 Schulz（2001）。从吸收的角度来看，知识的隐性（Kogut & Zander，1993；Szulanski，1996）也影响知识转移效果。

另外，知识转移渠道的多样性也影响知识在知识发出方和接收方之间的流动，Ghoshal 和 Bartlett（1988）已经实证检验出，知识转移的发生不能没有转移渠道，除了转移渠道外，有理由认为，知识发出方和知识接收方之间交流渠道的多样性/宽度（richness/bandwidth）如信息化、开放性、交流密度等均影响知识转移效果（Gupta & Govindarajan，1991）。

由于对知识转移情境的理解不同，不同学者对知识转移的研究范围也有所不同，并得出了不同的结论。Strasser 和 Westner（2015）对跨国知识转移的影响因素进行了实证研究，认为文化差异、交流障碍均负向影响知识转移绩效。Ahammad 等（2016）基于问卷调查数据得出，组织文化负向影响跨境并购中的知识转移绩效，但是国家之间的文化距离对知识转移绩效没有直接影响。Khamaksorn、Kurul 和 Tah（2017）梳理了国际合作项目中知识转移影响因素，认为组织间的文化差异发挥很重要的作用，是转移情境的重要方面。但是，也有学者并没有得出文化的影响。张琦等（2019）研究了转移情境对知识转移绩效的影响，将转移情境划分为信任环境、关系强度和文化因素三个维度，研究得出文化因素与知识转移绩效的关系并不显著，而只有强关系才正向影响知识转移绩效。

还有学者将知识转移情境划分为地理距离、制度距离和知识距离，Galbraith（1990）认为知识转移双方的地理距离越远，需要耗费越多的时间和费用，因此知识转移的效率越低。Szulanski（1996）认为，组织结构、知识的专业化程度和知识转移双方隐含的行为特征等都会影响知识转移的意向和结果。Swap（2001）认为，如果知识转移双方之间的距离太大，知识源则很难真正了解知识寻求方的需求，因此当知识距离大到一定程度时，不利于知识转移绩效的实现。

2.2 文献综述

2.2.1 “技术”的内涵

对“技术”一词比较通用的解释来自 Bain（1937）的观点，Bain 认为技术包括一切工具和能生产并使用这些工具的技能，Bain 使用多个词语表示不同的工具，包括 tools、machines、utensils、weapons 等。技能是指能生产和使用这些工具的技术。Bain 的解释在学术界受到相对较多的认可，后来学者在此基础上对“技术”的概念进行延伸。Buratti 和 Penco（2001）认为，技术是工具和技能的整合，是一种产品或流程、物理设备或人们可以借此提升潜能的做事方法。换言之，可以将技术描述为一种技能知识或者技术（Know - how），用于提升组织的产品服务供应或者目标完成（Rogers et al.，2001）。

Borgmann（2006）认为，技术指技能的集合，指一切用来整合资源来生产期望产品、解决问题、实现需求或满足愿望的人类知识，技术包括技能、方法、流程、技巧、工具或原材料等。

根据上述对“技术”内涵的解释，很容易发现“技术”和“知识”的概念有容易混淆的地方。而事实上在梳理文献时也发现，“知识”一词也与“技术”常在同一篇文献中出现，如 Håkanson 和 Nobel（2000，2001）研究逆向技术转移影响因素时，技术就专指技术知识（Technical Knowledge）或一种技能（Technological Know - how）。Battistella 等（2016）的研究则将技术转移或知识转移等相关研究纳入一篇文章进行文献综述。因此，在本书中，“技术”和“知识”不做特别的区分，沿用 Håkanson 和 Nobel（2000，2001）在研究逆向技术转移时的观点，将“技术”界定为一切技术知识或技能。

根据 Polanyi（1966）对知识显性和隐性的划分，显性知识是一种更容易表达、获取、编码、记录、形成以及模仿的知识（Bhatt，2001），能够通过书面手册或其他书面形式的材料获取（Dhanaraj et al.，2004）。显性知识能够通过正式、系统的语言以及信息技术或者采用计算机项目形式、专利以及图表等形式转移（Perez & Pablos，2003）；隐性知识是基于个人经验，通过诸如评价、态度、观点、评论、动机等活动表达出来，通常很难用语言来表达，只能通过隐喻、绘图以及其他不同的非语言表达方式来表达。一般情况下，许多专家经常无法清晰表达出他们所知道的全部以及如何做决定（Koskinen et al.，2002）。根据以上理论，有理由也将技术划分成显性技术和隐性技术，因此也不难理解显性技术和隐性技术的内涵。

2.2.2 与中国相关的逆向技术流动研究

随着越来越多的中国企业“走出去”，不少学者关注并检验中国企业“走出去”是否实现了逆向技术流动，研究多从宏观层面进行，常见的是通过估算全要素生产率来进行研究。Zhao 等（2010）用 DEA 效率模型测算了中国 1991～2007 年全要素技术生产效率，发现中国的对外直接投资随着 OFDI 规模的扩大，其全要素技术生产效率明显提高。陈岩（2011）运用中国 2003～2008 年对外直接投资的省际面板数据进行实证研究，发现国外研发资本存量与对外投资企业所在省市全要素生产率的提高密切相关，即逆向溢出效应确实存在。Yuan 和 Zhang（2018）运用 2004～2011 年中国数据，检验中国西部对外直接投资是否产生了逆向技术溢出，结果表明中国西部的对外直接投资产生了逆向技术溢出，提升了技术水平。少数学者基于企业层面的数据，如 Fu 等（2018a）也检验了这些企业跨国研发投资对技术能力提升的促进作用。

此外，还有学者基于企业层面的数据，来进行逆向技术流动相关的研究。Fu 等（2018b）以华为和中兴为案例研究对象，剖析了华为和中兴在美国的跨国研发中心的逆向学习机制和分享机制，研究得出华为和中兴的跨国研发中心有三个学习途径，即从顾客学习、从合作中学习和从东道国学习，而与母公司的分享机制主要是通过对跨国研发中心在东道国所获资源的改造（Leveraging）、再创造（Recreating）和释放（Releasing）来进行。杜虹丽（2018）通过调研进行过跨国研发投资的 231 家中国企业来研究逆向知识转移绩效的影响因素，发现母公司进行技术寻求的意愿对逆向技术转移有积极的影响。

2.2.3 逆向技术流动绩效的衡量研究

2.2.3.1 直接测量

对逆向技术流动绩效的测量可以分为直接测量和间接测量。在直接测量方式中，常见的衡量方式分别是通过主观题问答和客观数量统计来进行。Gupta 和 Govindarajan（2000）在研究跨国公司内部的知识流动时设计了问卷，询问子公司在多大程度上向母公司转移了与营销、管理和研发相关的知识。Håkanson 和 Nobel（2001）通过回答问题来判断跨国研发中心和母公司之间是否存在逆向技术转移，题项设计为：跨国研发中心是否通过参与新产品或新技术发布会、个人培训等渠道积极向其他研发中心逆向转移技术。但是，这些问题具有局限性，因为每个行业的参与度都不相同。

后来很多学者基于 Gupta 和 Govindarajan（2000）的量表来进行相关研究，如 Nair 等（2018）对逆向知识转移程度的测量，沿用了 Gupta 和 Govindarajan 的方法，询问母公司“子公司在多大程度上为母公司提供了有关技术知识方面的知识或技能（Technological Know - how）、营销知识（Marketing Know - how）和管理知识（Management Know - how）”。Oh 等（2016）衡量了子公司在多大程度上转移了和下列相关的知识：①顾客；②竞争者；③营销技术；④分销技术；⑤市场定位技术；⑥采购技术；⑦当地市场信息。

Rabbiosi 和 Santangelo（2013）在考察母公司获得逆向技术转移的影响因素时，以 41 家意大利跨国公司分布在各地的 84 家子公司为研究对象，衡量了子公司到母公司的逆向知识转移。首先区分出母公司使用的子公司技术是否与研发、制造、流程、营销、销售、物流、分销、采购、质量控制、人力资源管理或者一般管理的技术相关。其次评价母公司在新产品开发、新技术开发、活动方面的创新能力是否受到了以上维度知识的影响以及影响的程度，研究使用了 7 级李克特量表的问卷。

杜丽虹（2018）在研究逆向知识转移绩效的影响因素时，使用逆向知识转移的应用效果和创新效果来综合测量绩效，在问卷中以“所转移技术知识应用于母公司生产流程和研发的程度”“所转移管理知识应用于完善企业管理战略”等方面对应用效果予以测度；以“鼓励母公司自主创新和研发投入，促进专利发明等创新成果产出”等对创新效果予以测度。

在客观数据统计方式中，常见的是通过专利引用表示技术的流动。专利引用不仅运用于越来越多的经济商业研究（Hall et al.，2001；Duguet & MacGarvie，2005），在一些学术研究中，也逐渐使用专利引用来衡量从技术先进经济体到发达国家的技术流动（Hall et al，2005；Hu & Jaffe，2003）。专利引用代表现在技术与先前技术之间的关联，在某种程度上，专利引用表明发明者或发明团队使用了引用专利中的技术知识，从而发明出新的技术，这种一项专利对另一项专利的影响启发了技术流动研究。Duguet 和 MacGarvie（2005）认为，专利引用为衡量技术流动研究提供了广阔思路，专利引用包括“后向”（backward）和“前向”（foward）两种引用方式来表示技术流动。后向引用是在开发新专利时，引用之前已经存在的专利，可以用这种方式表示对技术的获取（Hall et al.，2001；Jaffe & Trajtenberg，2002）。前向引用是指所开发的专利被其他专利引用，用这种方式可以衡量技术是否实现扩散。

其中，后向专利引用通常被作为技术流动的衡量指标，且是目前较好的衡量方式（Hall et al.，2001），这是因为专利引用体现了被引用专利的技术价值，而技术价值是存在技术流动的前提条件，这更能反映出使用专利引用来衡量技术流动的准确性。而 Jaffe 等的调查也显示，60% 以上的被调查人员承认自己通过不同的途径从被引用专利上获利，50% 以上的被调查者对自己所引用的专利相当熟悉。只有不到 1/3 的被调查者表明对自己的发明所引用的专利不是很清楚，但是这并不影响专利引用对于技术流动的衡量，因为专利审查人员会将该专利的引用信息增添进去。因此，Hall 等（2001）认为虽然使用专利引用这一指标来衡量技术流动难免存在噪声，但与其他方式相比仍然是较好的衡量方式。也有很多学者使用这种方式来衡量技术流动，如 Jaffe 和 Trajtenberg（1993）、Almeida（1996）、Song 等（2003）等。

2.2.3.2 间接测量

使用间接测量指标表示逆向技术流动遵循的逻辑是，跨国研发中心实现的逆向技术流动可以提升母公司乃至母国的技术创新能力或其他经济能力等。目前，比较流行的方法一种是间接测量，它是用估算全要素生产率来表示跨国研发中心实现逆向技术流动而产生的绩效，如 Driffield 等（2009）、Zhao 等（2010）、陈岩（2011）、Castellani 和 Pieri（2013）、Datta 和 Bhattacharyya（2012）。另一种是利用知识生产函数进行测度，知识生产函数本身也是测度知识溢出程度的一个强有力的工具。D' Agostino 等（2012）实证得出逆向技术溢出存在的条件，通过考察新兴经济体巴西、俄罗斯、印度、中国大陆、新加坡和中国台湾在 21 个 OECD 国家的 221 个区域进行的研发投资情况，利用知识生产函数研究这些国家或地区在投资国获得的专利数量与研发支出之间的关系。

还有一些其他的衡量方式，如专利数量或国际技术贸易量等，Nieto 和 Rodriguez（2011）在研究海外研发投资与母国企业创新绩效之间的关系时，使用了母公司的专利数据，这种测量方式更偏微观层面。孙玉涛等（2015）认为，国际技术贸易是知识转移和溢出的重要载体，用国际贸易相关数据来衡量技术的流动。

2.2.4 逆向技术流动绩效的影响因素研究

现有的相关研究以国外研究为主，根据逆向技术流动的两个阶段来划分：一是研究跨国研发中心在东道国技术获取时的影响因素，可以看作对初阶段绩效的影响因素研究；二是研究对逆向技术转移绩效的影响因素，可以看作对终阶段绩效影响因素的研究。

2.2.4.1 初阶段绩效的影响因素研究

学者主要从技术接收者视角即跨国研发中心方面的特点进行研究，并且以国外学者基于发达国家跨国研发中心的探索为主。研究表明，跨国研发中心自身的技术能力、其在东道国的嵌入程度及其和母公司之间的关系等均影响其在东道国获取技术的机会。

吸收能力观点表明，当跨国公司及其跨国研发中心具有较强的技术能力时，就更容易在东道国吸收、消化和拓展技术（Cohen & Levinthal, 1990）。为了识别、获取并消化有价值的外部知识，尤其是隐性知识，企业必须拥有一定的吸收相关技术的能力。当跨国研发中心具有较高的吸收能力时，会在一定程度上帮助其从东道国境内的创新者升级至全球范围内的创新者（Medcof, 1997; Nobel & Birkinshaw, 1998; Singh, 2005）。当跨国研发中心具有较强的技术能力时，有助于其在不熟悉的东道国环境中感知并获得知识。而当跨国研发中心在东道国获取的知识到达一定量时，跨国研发中心技术能力的价值则会逐渐下降。

跨国研发中心在东道国的嵌入程度即外部嵌入对初阶段绩效产生影响。外部嵌入的重要性源于外来者劣势的理论，由于存在外来者劣势（Liability of Foreignness），跨国研发中心在东道国经常遇到障碍，难以融入当地知识网络。但是，为了获得当地特有的知识，技术寻求型跨国研发中心必须嵌入当地的科学工程组织，并与当地环境更进一步的交流。Cohen 和 Levinthal（1990）、Lane 和 Lubatkin（1998）也认为，海外研发机构越能嵌入当地环境，就越能开发出与当地研究合作方相似的知识处理系统，因此在东道国建立研发中心不足以接触和吸收知识，还需要在当地建立社会关系从知识流动中获益。外部嵌入对于产生社会资本、建立互信的社会关系，从而在当地的企业、大学以及公共研究机构获得核心技术知识至关重要（Yoneyama, 2012）。

跨国研发中心与母公司的关系即内部嵌入或融合，对跨国研发中心在东道国的创新绩效产生重要影响（Song et al., 2011）。跨国研发中心在跨国公司全球网络中的嵌入，尤其与总部的关系，主要以“中心化和分散化”或“集权与自治”来区分（Behrman & Fischer, 1980; Håkanson & Zander, 1986）。Behrman 和 Fischer（1980）据此划分了母子公司管理模式的四种形式：①绝对集权化；②部分集权化；③监管制自由；④完全自由，并认为大多数母子公司是第三种形式。母公司对跨国研发中心创新活动的介入会同时产生正面和负面的影响，现有研究中更多学者关注到负面效应，如 Asakawa（2001）指出跨国研发中心与母公司之间的强联结关系，限制了跨国研发中心的自治能力，因此降低了其在东道国的知识获取水平。Ambos 和 Reitsperger（2004）也认为跨国研发中心与母公司较高程度的社会关系将会减少其在东道国开发技术的机会，这是因为较独立的子公司更能及时响应当地的战略方案（Bartlett & Ghoshal, 2002），并能深入当地环境从而形成战略性知识系统（Andersson et al., 2002; Zanfei, 2000），也有少数学者得出二者的负相关关系（Brockhoff & Schmaul，1996；Frost et al.，2002）。

2.2.4.2　终阶段绩效的影响因素研究

虽然已经有越来越多的学者考察跨国公司内部逆向知识转移的影响因素，但学界仍然没有达成一致的观点（Jeong et al.，2017）。杜丽虹（2018）在研究逆向知识转移绩效影响因素时，将现有文献归纳为对技术发出方、技术接收方和技术自身三方面的研究。此外，技术发出方和技术接收方之间的关系也受到一些学者的关注。本书将这部分文献划分为四类：一是对跨国研发中心方面影响的研究；二是对母公司方面的影响研究；三是对母子关系方面的影响研究；四是对技术方面的影响研究。主要的实证研究如表2－1所示。

表2－1　逆向技术流动终阶段绩效的影响因素实证研究

研究视角	影响因素	学者	研究对象
跨国研发中心	成立时间	Rabbiosi 和 Santangelo(2013)	意大利41家母公司及其84家子公司
	技术能力	Nair 等（2016）	329家印度跨国公司（海外 M&As 方式）
母公司	吸收能力	Nair 等（2016）	329家印度跨国公司（海外 M&As 方式）
		吴先明等（2014）	216家并购过发达国家企业或企业业务部门的中国企业
	创造性资产寻求动因	杜丽虹（2018）	224家进行过跨国研发投资的中国企业
母子关系	协调机制	Rabbiosi（2011）	280组母公司与子机构
		Ambos 和 Ambos（2009）	162家跨国公司的知识转移数据，包含324组转移关系数据
技术	技术可观察性、团队依赖性、清晰性等	Håkanson 和 Nobel（2000）	瑞典17个跨国公司海外研发中心
	技术相关性	Nair 等（2016）	329家印度跨国公司（海外 M&As 方式）
	技术复杂性	Silveira 等（2017）	78家巴西跨国公司

资料来源：笔者整理。

（1）跨国研发中心方面。跨国研发中心的技术能力发挥着重要作用，但对跨国公司知识存量的贡献不尽相同（Gupta & Govindarajan，1991），这与子公司在跨国公司中担任的角色有关。通常情况下，致力于知识流动的研发中心技术能力会获得较高的评价。可以推定，海外子公司向母公司逆向技术转移时，跨国研发中心技术能力越高，越有利于逆向技术转移。Nair 等（2016）也提出假设，跨国研发中心向印度母公司的逆向知识转移与研发中心的技术能力呈正向相关（子公司技术能力高低由母公司评价）。Mudambi 等（2004）通过对意大利制造业的 293 组母公司—子机构的考察，应用赫尔曼单因素检验，表明当子机构的创新能力在某个临界点时，其与逆向知识转移呈最强相关关系，低于该点，子机构创新能力和逆向知识转移结果呈正相关关系；高于该点，子机构创新能力与逆向知识转移结果呈负相关关系，整体呈倒“U”形。Jeong 等（2017）研究逆向知识转移绩效的影响因素，通过对跨国研发中心吸收能力、分享能力、实践能力以及市场知识的应用能力这四个因素的考察，得出跨国研发中心对市场知识的应用能力起到最主要的作用。

跨国研发中心的设立时间也有一定影响。Borini 等（2012）对巴西 30 家跨国公司的 66 个海外子机构进行问卷调查，得出跨国研发中心设立越早，在东道国有相对越强的适应能力，更易获得东道国的技术溢出。Rabbiosi 和 Santangelo（2013）应用组织生态学理论，以 41 家意大利跨国公司分布在各地的共 84 家子公司为对象进行问卷调查，这些样本具备以下特点：①员工人数超过 50 人以上；②以制造业为主；③至少有一家在发达国家的子公司是研发型子公司，结论得出子公司成立时间越久，母公司越容易从中获得逆向技术转移。但是这种关系受到并购以及大股东合资的子公司性质的负向调节作用，受到子公司社会化机制的正向调节。

跨国研发中心在东道国的外部嵌入及其在跨国公司的内部融合也在逆向技术转移过程中发挥重要作用。Håkanson 和 Nobel（2001）研究了跨国研发中心在东道国嵌入和跨国公司内部的融合，即跨国研发中心在外部网络的嵌入和内部的融合这两个因素对逆向技术转移的影响。结果表明，外部嵌入的程度负向影响逆向转移绩效，而跨国研发中心在跨国公司内部的融合程度则正向影响逆向技术转移绩效。Frost（1998）也检验了跨国研发中心的外部嵌入、内部一体化（以进入模式为代表）对逆向技术转移的影响。结果发现跨国研发中心如果是属于绿地投资模式建立的，那么跨国研发中心在东道国的嵌入程度与逆向技术转移呈正相关关系，但如果跨国研发中心来源于海外并购，那么跨国研发中心在东道国当地的嵌入程度则与逆向技术转移呈负相关关系。

（2）母公司方面。母公司的吸收能力受到学者的广泛关注。Nair 等（2016）以 329 家印度跨国公司（海外 M&As 方式）为研究对象，得出子公司能力、知识相关性以及母公司吸收能力对逆向技术转移有积极影响，其中，母公司吸收能力是中介变量，知识相关性是调节变量。该观点继承了 Gupta 和 Govindarajan（2000）对知识流动的研究，Gupta 和 Govindarajan 认为当知识流动双方的知识能力或在某方面的知识能力存在差距时，知识接收方提升吸收能力，有助于其从知识流动中获取最大化利益。吴先明等（2014）在研究海外并购类企业的逆向知识转移时，以 216 家并购过发达国家企业或企业业务部门的中国企业为研究样本，验证了并购企业的吸收能力对逆向知识转移具有显著的正向影响。

Nishant Kumar（2013）发现了母公司的两种能力，即能感知到技术重要性程度的能力和是否能识别可能的技术来源的能力，对跨国研发中心向母公司的逆向技术流动有调节作用。杜丽虹（2018）则考察了母公司对在国外获取创造性资源的这种意愿的程度正向影响了逆向技术转移效果。

（3）母子之间的关系。跨国研发中心和母公司之间的关系对终阶段绩效的影响主要在于二者协调机制对逆向技术转移的作用。协调机制有两类：一类是基于技术的协调机制和技术人员的协调机制；另一类是面对面的协调机制和网络协调机制。

第一类协调机制的影响：Ambos（2009）将跨国研发中心到母公司的逆向技术转移模式分为基于技术的协调机制（Technology - based Coordination Mechanisms，TCM）和人员协调机制（Personal Coordination Mechanisms，PCM）。其中技术设施在逆向技术转移中扮演着重要角色，能够支持员工编码、储存并获得及时知识。这类技术形式包括商务智能、协作软件等。作者使用 162 家跨国公司的知识转移数据，包含 324 组转移关系数据，其中有 124 组是逆向知识转移，运用描述性统计及相关性分析，检验面对面协调机制与基于技术的协调机制对逆向技术溢出效果的影响。结果表明，基于技术的协调机制对逆向技术转移的影响不随环境而改变，即不管子机构与母公司之间存在文化、地理或其他方面的差距时，技术协调机制越好，母公司获得逆向技术转移的效果就越好，而面对面协调机制对逆向技术溢出的正面作用会由于地理、文化以及语言差距而被削弱。

第二类协调机制的影响：Rabbiosi（2011）也对280组母公司与子机构群进行了问卷调查，运用赫尔曼单因素检验（Harman's Single - factor Test）等方法，证明了母公司和子机构之间的面对面的协调机制和网络协调机制（Electronic - based Coordination Mechanisms）对逆向技术转移绩效均产生了积极影响。并且当子机构高度自治时，面对面协调机制即通过人事活动尤其是专家面对面交流能获得更高的技术溢出，相比之下，网络协调机制对之影响较弱，可能需要母公司投入较多的信息编码费用，从而使管理人员面对纸质信息时尽可能多地获取可靠信息。

另外，跨国研发中心和母公司之间管理理念差异也有一定的影响。Athreye等（2013）通过对菲亚特集团及其在土耳其、巴西和印度分别设立的研发子机构的高层访谈，获取了2009～2011年的一手数据，并从美国专利局获取了该集团专利方面的二手数据，定性分析了海外研发子机构难以成功获取他国技术的影响因素。其中，母公司和子机构之间管理理念的差异是影响海外研发逆向技术溢出效果的因素之一。

（4）技术方面。技术特点对逆向技术转移的影响，在Håkanson和Nobel（2000）的研究中首次得到明确阐述，认为只有当转移到母公司的技术可能让母公司获得在该技术上的独占性时，逆向技术转移才会发生，也就是说被转移到母公司的技术通常很难被其他公司模仿，隐性知识符合这一特点。基于资源基础观，笔者提出技术特点包括技术知识的清晰性、可观察性以及团队依赖性均负向影响跨国研发中心向母公司的逆向技术转移行为。知识相关性（Nair et al.，2016）和所开发技术的复杂性（Silveira et al.，2017）也影响跨国研发中心向母公司的技术转移。

2.2.5 研究述评

现有研究为逆向技术流动研究提供了丰富的研究基础，但从研究的视角、研究的内容以及研究对象上来看，也有以下几点发现：

第一，在研究视角上，已有的影响因素研究主要从逆向技术流动的参与主体着手，包括跨国研发中心角度（如技术能力等）、母公司角度（如吸收能力）以及母子公司之间关系角度（如协调关系）等来探究影响绩效的因素，研究视角有待进一步拓展。

第二，在研究内容上，已有研究分别对逆向技术流动初阶段和终阶段展开研究，而对逆向技术流动二阶段的整体研究并不多见。从跨国公司的逆向技术寻求动机看，初阶段和终阶段是构成完整逆向技术流动的必要阶段，对其中任何单一阶段的研究不足以深入和系统地理解整个逆向技术流动过程。

第三，在研究对象上，已有研究以对发达国家跨国研发中心的考察为主，然而近几年发展中国家跨国研发投资的热潮越发明显，有限的对发展中国家的研究并不能满足现实的需求，相应的理论研究有待进一步丰富。

3 过程视角下逆向技术流动绩效的影响因素研究框架

知识转移影响因素的研究中，有学者考察行为主体的相关特点对知识转移绩效的影响（Cohen & Levinthal，1990；Gupta & Govindarajan，1991；McCann & Mudambi，2005；等等）。随着研究的逐渐丰富，有学者提出知识转移是一个过程而不是一个动作，是知识在知识发送方和接收方之间来回不断传送的过程（Teece，1977；Doz & Santos，1997；Szulanski，1996，2000）。该过程中知识自身的特点（Schulz，2003）、知识转移渠道（Ghoshal & Bartlett，1988）等和知识转移情境（Ahammad et al.，2016）以及知识发送方和知识接收方的动力（Katz & Allen，1982）等因素对知识转移效果的影响，开始受到学者的关注。

逆向技术流动的影响因素研究中，在文献综述部分已经梳理发现，现有研究较多集中在跨国研发中心或母公司等特点上，研究视角有待进一步拓展。受知识转移理论的启发，有理由将逆向技术流动也看作一个过程，这突破了现有研究的视角。进一步研究该过程中流动情境、所流动的技术、流动渠道和参与主体的动力等因素对逆向技术流动绩效的影响，显得很有必要。

3.1 流动情境与逆向技术流动绩效

基于知识转移理论，情境对知识转移产生了不可忽视的作用。情境一词最早由 Wundt 于 1911 年提出，即“情境气质”这一概念，但至今仍然没有公认的统一解释。从现有研究文献来看，知识转移研究中对情境的考察总体上由最初单纯强调客观物质环境逐渐向主观理念因素转变，客观物质环境则指组织结构、吸收能力等，理念情境主要是指文化价值、宗教价值和政治价值（苏敬勤和张琳琳，2016）。如 Duanmu 和 Felicia（2004）将组织结构当作知识转移情境来研究，马庆国等（2006）则选取组织制度和组织文化因素作为知识转移的情境因素。

逆向技术流动情境是流动主体之间固有的特点所形成的系统状态，包括客观环境和理念因素。其中，客观环境包括在东道国能够提供技术的组织、跨国研发中心以及国内母公司的组织结构等。由于逆向技术流动跨国家进行，组织语言也是客观环境之一。理念因素则包括组织间的文化差异、情感距离、信任关系等主观意识形态构成的环境。

对于逆向技术流动而言，技术发出方和技术接收方的情境差异，即技术流动所处的客观环境差异。学者已经从多维度考察了流动情境，如制度、组织结构、信任等，但这些研究主要是基于一般的知识转移，而对于逆向技术流动跨国境的客观现实而言，本书认为流动情境最大的差异在于技术主体之间的语言和文化，并且它们可能是导致其他差异的根本原因所在。因此，本书主要考察语言差异和文化差异对逆向技术流动绩效的影响。

3.1.1 语言差异的影响

当组织进行交流时，语言方面的问题可能产生交流形式和心理障碍，因此语言被认为是交流中最能体现社会认同的工具（Giles & Johnson，1981）。一个组织中的成员使用某种共同的语言，往往会与组织内外说另一种语言的成员有所不同（Clement，Baker & MacIntyre，2003）。语言也影响着团队认同或者个人在组织中的认同（Scott，Corman & Cheney，1998）。因此，可以认为交流中使用的语言是组织内外社会分类的基础（Brande，2009）。基于此，本书认为，组织交流中，精通一种共同使用的语言是组织之间交流的关键。正如跨国公司的跨国、跨语言问题，跨国公司通常会选择一种语言如英文作为内部组织交流的官方语言（Piekkari et al.，2014）。有关定量研究表明，在不同的情况下，组织内选择一种语言可能有比较复杂的不同影响。如 Neeley 和 Dumas（2016）对日本跨国公司子公司的研究表明，如果英语作为跨国公司内部组织的交流语言，以英语为母语的工作人员就相对更能认同跨国公司母公司，也更愿意与母公司交流。相反，Fredriksson、Barner - Rasmussen 和 Piekkari（2006）对德国一家跨国公司的研究表明，一些不太精通公司内部通用语言的工作人员就会变得不太专注，对母公司的认同感就会降低。

上述观点帮助本书解释了为什么一些跨国公司子公司和母公司的交流和分享更为频繁，而另一些则不然，这是因为语言影响了跨国公司内部的知识流动（Peltokorpi & Vaara, 2014; Reiche et al. , 2015）。跨国公司在海外设立的研发中心里，由于研发中心员工的国籍一般至少由东道国国籍和母国国籍两种组成。当母国语言和东道国语言不同时，研发中心有必要选择一种供组织内部和外部交流的共通语言。有理由认为，当研发中心日常的工作使用东道国母语时，那么在研发中心里精通东道国母语的成员会担任更多与东道国当地组织之间的交流工作，这样在交流中更容易获得认同感，有助于跨国研发中心的逆向技术寻求。

3.1.2 组织文化差异的影响

吴翠花、万威武和张莹（2004）认为组织文化分为狭义和广义两种，狭义文化是指价值观念和行为准则，广义文化是指价值体系和技术体系。价值体系是指人类在加工自然物、塑造自我的过程中所形成的规范的、精神上的、主观的东西。技术体系是指人类加工自然物所创造的技术的、器物的、非人格的、客观的东西。Kedia 和 Bhagat（1988）认为，技术发送者和技术接收者之间的文化差异是组织间交流的主要障碍，是组织间的代沟。文化差异包括国家和组织层面，是国际技术转移中遇到问题的主要根源。

技术发出组织和技术接收组织间的文化差异是技术流动的主要障碍（Mowery, Oxley & Silverman, 1996）。双方的国家和组织文化影响跨国技术流动过程中的所有方面（Tiemessen, Lane, Crossan & Inkpen, 1997），国家文化影响组织价值观、组织行为和态度（Pauleen, Wu & Dexter, 2007）。文化冲突和对彼此文化的误解减弱了信息和学习的流动（Lyles & Salk, 1996）。

具体地，在技术转移过程中，因为国家和组织文化差异，技术接收者可能会误读来自技术发出方知识。而且，一些与技术相关的运营流程根植在技术发出方的组织结构和文化中，这让技术接收者在较短的时间内难以对接收到的技术进行复制。如果两个组织之间的文化差异太大，转移而来的技术就有可能无法适应于接收组织。

3.2 技术与逆向技术流动绩效

技术是以具体的载体形式存在，分为显性技术载体和隐性技术载体，专利、相关产品或文件等一般为显性技术载体，人员一般为隐性技术载体。

技术载体分为显性技术载体和隐性技术载体，显性技术载体通常以文件形式存在，隐性技术载体通常是人，且相对更受到企业的重视。Polanyi（1966）将知识分为显性知识和隐性知识，可知技术也有显性技术和隐性技术。显性技术能够通过书面手册或其他书面形式来表达，如产品制造流程、软件代码、手册、文件、操作步骤或专利、设计图等（Dhanaraj et al.，2004；Perez & Pablos，2003）。因此，这类书面手册或文件等是显性技术载体。隐性技术主要基于个人经验，通过诸如评价、态度、观点、评论、动机等活动表达出来（Koskinen K. U.，Vanharanta，2002），因此，人通常是隐性技术的载体。鉴于大部分有价值的技术具有隐性和复杂性的特点（Kogut & Zander，1992），组织获得边界之外的大部分有价值技术是嵌入在个人身上。新知识总是始于个人，是整个公司新知识的来源（Nonaka，1991），因此，逆向技术流动里人员这一技术载体在初阶段和终阶段都至关重要，也是本书讨论的重点。在具体的初阶段和终阶段，携带技术的人员类别可能有所差异。

在初阶段，来自东道国的研究员、文化翻译、交际助手、信息资源经济人、科学家和工程师、高校毕业生等劳动力，是不可忽视的技术载体。因为他们通常携有对跨国研发中心有价值的技术，跨国研发中心雇用这些劳动力，缩小了跨国研发中心与东道国企业的知识水平差异（Gilfillan，1935）。一些学者从研究中也得到此观点，Vance、Vaiman 和 Anderson（2009）讨论了东道国国籍的员工在海

外子公司内部知识管理中的角色（文化翻译、交际助手、信息资源经济人等），认为东道国劳动力是当地知识和信息的关键来源。Gong（2003）认为当地科学家和工程师参与到子公司的研发活动中，会在很大程度上促进子公司辨识并获得创新和多渠道的组织学习机会。

在终阶段，归国技术人员或者海归创业人员是技术流向国内母公司的重要技术载体。一些研究为之提供了证据，Wang（2015）以 81 个国家共计 4183 个曾持有美国 J－1 型签证的归国技术人员为研究对象，探究了归国技术人员是否向母国或母公司分享了曾在美国工作获得的技术知识，这些技术人员影响逆向技术转移的绩效。同样，海归创业家们具备一些当地企业家不具备的特点：一是海归创业家通常拥有与特定技术知识相关的人力资本（Castanias & Helfat, 1992），有更多人力资源的人员更可能有高创新产出（Davidsson & Honig, 2003）；二是海归创业家可能已经以科技培训等方式获得了学术知识；三是海归创业家们可能通过社会关系获得特殊的社会资本（Adler & Kwon, 2002）。因此，海归创业家是比较好的技术转移载体。Filatotchev 等（2011）使用北京中关村 1318 家海归创业家所在的企业面板数据发现，海归对中关村其他本土企业产生了显著的溢出作用，这在一定程度上验证了海归创业家们确实能够将技术逆向转移到母国。

技术本身的不同特点会影响逆向技术流动绩效。通过上文对逆向技术流动构成因素的分析，技术有不同的载体形式，主要分为以人为载体或以文件为载体。技术究竟可以由哪一种载体携带，这取决于技术的显性程度。Håkanson 和 Nobel（2000）考察技术特点对逆向技术转移的影响时，将技术特点划分为三个方面，即技术的可表达性、技术的可观察性和技术的团队依赖性，即是对技术显性程度的考察。本书继承该理论，从这三个方面研究技术特点对逆向技术流动绩效的影响。

3.2.1 技术可表达性的影响

对技术的整理和编码有所差异。一些编码基于系统的科学分析，技术属性很容易被理解，并且能被详尽地形成文件形式。例如，一些产品或流程就是此类技术，总体上，这类技术很容易编码，也容易促成其向其他组织的转移。

但是，也有很多技术并不需要被详尽的编码来形成文件，也不需要被细致地理解，就可以成功地被应用，这主要遵循于试错过程。新产品和新流程的成功开发源于长期积累的经验，但是这种经验可能难以被系统化编码。高度隐性的技术中，不同的设计参数和产品绩效之间的具体关系通常不为人知，这就增加了研发项目的不确定性。理论上，因此导致的模糊关系使模仿该类研发项目成果变得困难，这能让该技术所有者保持较为长久的竞争优势（Dierickx & Cool，1989）。但是，已有学者表明，技术的可表达性较低，并不是导致技术难以被模仿的主要障碍。技术难以被模仿的障碍主要来自个人特点，不同的人对相同技术的理解不同，对技术的隐性程度的感知也不同（Nelson & Winter，1982）。而且 Zander（1991）也验证了这一结论，即当技术的可表达性较好时，技术转移的可能性也随之增加，但并不一定增加该技术被模仿的可能。因此，技术可表达性较低，会增加研发的不确定性，提升技术流动的成本，从而可能降低逆向技术流动的可能性。

对于跨国研发中心逆向技术流动来说，当东道国技术可表达性较高时，提高了跨国研发中心的获取可能性，也因此提高了其向母公司逆向技术流动的可能性。

3.2.2 技术可观察性的影响

根据 Zander（1991）的观点，技术的第二个特点指技术使用过程中的可观察性，即通过使用该技术，可观察到的其中隐含的必要的知识的程度。对于个人产品，可观察程度直接与是否可以通过逆向工程进行模仿相关。当产品在公开市场可供所有人购买（或勘查）时，其中的产品设计就很难是秘密。对于制造流程，可观察性与通过参观工厂、对员工和机器等形式学习其中的技术有关。

很显然，市场上售卖成功的产品和流程具备高度可观察性，很容易被模仿。Zander（1991）研究发现，在技术特点中，可观察性是唯一显著增加技术被模仿风险的特点。技术具有较高程度的可观察性时，就很难保持技术的独占性。在逆向技术流动初阶段，如果东道国的技术具有较好的可观察性，跨国研发中心模仿该技术的可能性就会随之提高，这意味着初阶段更容易实现。同样地，在终阶段

跨国研发中心和母公司之间的技术流动发生时，当所流动的技术具有较好的可观察性时，终阶段相对更容易实现。

3.2.3 技术团队依赖性的影响

企业资源之所以难以模仿或需要花费一定成本才能模仿的一个重要原因在于企业资源的社会复杂性，这是在企业日常行为中自然形成的。在日常个人交流模式中，日常行为为个人技能与团队能力的联结提供了某种机制。在多大程度上能够在这样的日常行为中建立稀缺和有价值的能力，也是企业保持竞争优势的重要来源。由于这些日常行为的复杂，并且日常交流中的技术通常是高度隐性的，因此通常较难也不太可能系统地管理或影响这方面的能力。类似地，通过社会工程进行模仿和复制可能成本较高并且不灵活。然而，针对以上问题，团队效应则可以创造出特别的资源，帮助企业与其他竞争者拉开差距（Wernerfelt，1989）。

行业研究和开发模式研究中有关交流模式的文献表明，专门的实验室往往能形成特殊的组织文化，包括交流语言、编码、具体的目标导向（Allen，1977；Katz & Tushman，1992）。这种子文化的产生经常促进了团队间交流，提升了团队创造力和解决问题的能力。但是，这样的方式也在一定程度上阻碍了团队成员与外界合作者或组织内部其他单元的交流效率（Lawrence & Lorsch，1967）。因此，组织的子文化差异是并购研发单元时融合过程中的主要障碍。

团队内部交流模式及其与外部交流模式反映了团队任务的特点。根据交流的形式与专业化程度，该团队的知识和技能或多或少会根植在团队交流与合作中，这在一定程度上限制了技术转移，因为相关的技术依赖于整个团队而不是某个或某几个个体。而且，国外研发的专业化和差异化也往往降低了该团队与其他合作网络的沟通密度和频率。一方面，团队自身的专业化降低了其向外转移技术而获得利润的可能性；另一方面，由于外来研发组织单元的这种独立（isolation），其他组织往往不容易察觉到其拥有知识的机会。

在逆向技术流动初阶段，如果跨国研发中心所寻求的技术恰好具有较强的团队依赖性，这样就不利于跨国研发中心的技术获取。同样，如果母公司需要的技术在转移前仍然具备上述特点，这样也不利于母公司的接收。

3.3 流动渠道与逆向技术流动绩效

如果没有流动渠道，技术流动不可能发生（Ghoshal & Bartlett，1988）。流动渠道是技术得以流动的通道，是逆向技术流动实现的必要条件。

流动渠道根据是否需要签订合同而分为正式流动渠道（以下简称“正式渠道”）和非正式流动渠道（以下简称“非正式渠道”）。正式渠道需要签订合同，否则即为非正式渠道（Vedovello，1997）。正式渠道通常是以人员为基础的流动渠道，而非正式渠道通常是以电子设备相关技术为基础的流动渠道。对于这两种分类能否替换或者互补，可能存在一些质疑，但学界普遍认可这两种渠道均是跨国公司知识转移时的渠道（Ambos & Ambos，2009）。

3.3.1 正式渠道的影响

由于正式渠道需要签订合同，通常是以人员为基础的流动渠道。人员能够建立起组织间的强联结（Hansen，1999，2002；Bartlett & Ghoshal，1989；Gupta & Govindarajan，2000），提供了知识交换的社会渠道（Feinberg & Gupta，2004；Galunic & Rodan，1998），是追求更高效知识交流目标下必须建立的日常规范，最小化沟通交流中可能产生的模糊（Simonin，1999）。技术发出方和技术接收方之间较强关系的联结，不仅有助于互相理解，还能通过彼此间更直接的交流帮助更准确识别出看起来相关的技术。基于人员存在的流动渠道能够使技术通过面对面方式转移，这种方式经常被用于隐性技术即非编码技术的转移（Bartlett & Ghoshal，2002；Haas & Hansen，2005；Noorderhaven & Harzing，2009；Tsai，2001）。

在初阶段，拥有东道国技术的人员向跨国研发中心的流动，可以通过跨国研发中心在东道国雇用本地人才来实现，雇佣学习（Learning - by - hiring）能促进企业实现企业边界和地理边界之外的创新，雇佣学习即企业通过雇用专家获取其他企业的知识（Song et al.，2003）。另外，母公司外派到跨国研发中心的研发专家在东道国本地获取技术后，也能实现东道国技术向跨国研发中心的流动。由于隐性技术一般难以传播（Kogut & Zander, 1993；Simonin, 2004；Zander & Kogut, 1995），难以形成文字等文件形式，需要人员面对面交流，因此有学者认为母公司外派专家到海外子公司最重要的原因在于转移知识（Harzing, 2001a）。由母公司外派的管理者也能促进子公司学习（Elenkov & Manev, 2009），这种渠道可能相对更适用于发达国家投资于新兴经济体的跨国研发中心。针对雇用本地人才和母公司外派人才这两种人员流动渠道，Li 等（2013）以中国的317 家跨国公司子公司为研究对象，研究得出这些跨国子公司雇用中国本地研发人员所做的创新贡献有限，而从母公司外派到中国的研发专家反而对子公司的创新贡献更大。

在终阶段，跨国研发中心向母公司以人员为技术载体的技术流动，可以通过外派人员和母子公司内部关键人员的互访等渠道实现。事实上，跨国公司会经常派遣专家到全球各地子公司，并期望这些外派人员能在跨国公司子公司系统的管理和技术扩散方面起到一定作用（Harzing, 2001；Minbaeva & Michailova, 2004），这让子公司能更好地实施全球化战略。跨国研发中心和母公司组织内部关键人员的互访、轮换、合作培训或建立永久性团队、社区也促进了技术流动。Håkanson 和 Nobel（2001）通过实证表明，跨国研发中心向母公司逆向转移技术的概率与其在跨国公司组织内部的融合程度有关，这种融合体现在组织内部互访、关键人员轮换以及合作培训相关项目等方面。

3.3.2 非正式渠道的影响

非正式渠道常见的形式有电子邮件、合作软件、分布式学习等，都在组织技术流动中起到关键作用。一些技术设施由于缺乏使用经验，常常被忽略或者较少被使用（Leonard - Barton, 1995）。有专利引用（Azagra - Caro et al. , 2017）这一非正式渠道。

在初阶段，东道国上述技术载体流向跨国研发中心，通过跨国研发中心与东道国当地高校之间的个人交流、跨国研发中心参加东道国相关单位举办的会议、阅读当地的科技专利和论文等实现，一些电子通信技术如电话、邮件（Ambos & Ambos, 2009）等，也能实现上述技术载体的流动。在终阶段，上述技术载体的流动则更多利用跨国公司内部共享平台如数据库和内联网（刘明霞和于飞，2013）等方式实现。

不只是存在流动渠道就能保证技术流动的发生，流动渠道的一些特点如渠道的丰富性或宽度，即反映在信息沟通时的开放程度、交流频率等（Daft & Lengel，1986；Gupta & Govindarajan，1991）也决定了技术流动效果。

3.4 动力与逆向技术流动绩效

Gilbert 和 Cordey – Hayes（1996）认为知识转移是一个动态的过程，因此，只有不断地学习才能实现目标，需要持续的动力维持这样的学习状态。储节旺（2006）也表明知识转移并不会自动发生，而是在某种动力下克服一定阻力后才有可能发生。因此，本书认为跨国研发中心和母公司在逆向技术流动过程中保持一定的动力，对逆向技术流动绩效有一定的影响。

3.4.1 技术发送动力的影响

Cyert（1995）认为一些企业拥有特有的、有价值的技术（Know – how）时，往往可能愿意继续这种信息垄断（Information Monopoly），这和无所不在的企业竞争现状也一致（Pfeffer，1981），企业通常会将这种独有的技术当作企业竞争力的来源。Levitt 和 March（1988）观察到，大部分企业分享经验后由于其他企业对之进行复制，因而带来较为负面的影响。Stenmark（2001）提出，如果技术源没有强烈的动力，很难发生技术的分享。因此，如果有一些促进企业分享技术知识的动力，就会在一定程度上抵消企业保留技术知识的倾向。

技术归根结底属于个人，当个人有分享的激励时，更可能去分享技术。但是，如果分享的内容并不可靠，分享者就会面临失去特有技术或声誉的风险。没有激励制度来弥补分享者的分享成本，分享的意图会逐渐下降。技术贡献者展示他们有价值的经验，并从中获益，提升自身形象，获得专家等称谓，等等，从而建立了个人声誉，这些个人所获就是关键的激励因素。声望和利他主义是加强知识分享行为的主要收获。

3.4.2 技术接收动力的影响

“不在此发明”（Not Invented Here）症状（Katz & Allen，1982）导致企业可能不愿意接收外来技术，对于两个不同的企业，这可能主要由于自尊防卫（Ego－defense Mechanisms）（Allport，1937；Sherif & Cantrill，1947），一些企业拒绝接收看起来比自身更具有竞争力的企业的相关信息。

需要说明的是，动力一般包括技术发出方的技术发送动力和技术接收方的技术接收动力。对于整个逆向技术流动而言，东道国相关组织是技术发出方，母公司是技术接收方。但是，应注意到逆向技术流动以跨国研发中心为节点被划分为两个阶段，跨国研发中心作为跨国公司的逆向技术寻求使命担当者，对整个逆向技术流动有较强的主导作用，它既是初阶段的技术接收方，也是终阶段的技术发出方。因此，本书聚焦跨国研发中心，研究跨国研发中心的技术接收动力和技术发送动力对二阶段绩效的影响。

3.5 二阶段四因素研究框架

上述对流动情境、技术、流动渠道和动力的影响分析，并没有区分逆向技术流动的二阶段。而逆向技术流动过程中，初阶段和终阶段均可以看作完整的技术流动。那么，流动情境、技术、流动渠道和动力将分别对初阶段和终阶段产生影响吗？这四因素对二阶段的影响规律具体是怎样的？二阶段受到四因素的影响又有哪些异同？如此构建逆向技术流动二阶段四因素（2 Phases－4 Factors，2P－4F）的研究框架如图 3－1 所示。

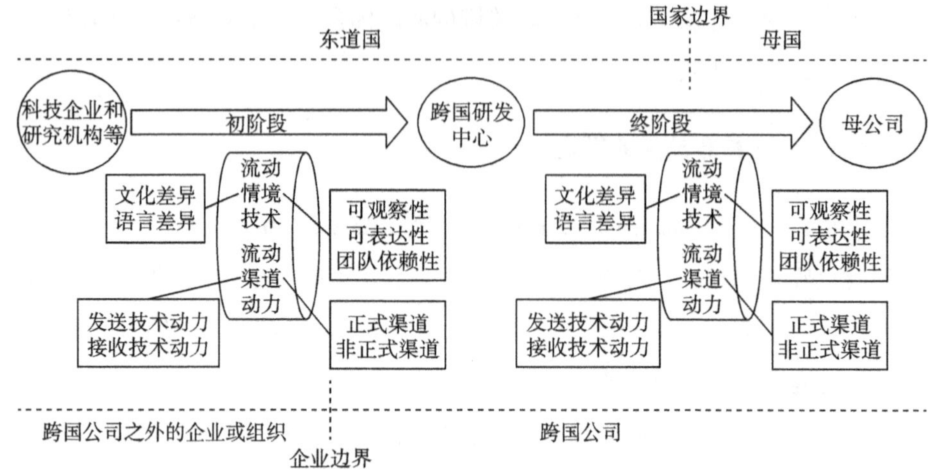

图 3－1　逆向技术流动二阶段四因素（2P－4F）的研究框架

资料来源：笔者绘制。

4 逆向技术流动绩效的影响因素仿真研究

为了深入理解逆向技术流动过程，以及四因素对逆向技术流动绩效的具体影响，本章首先分析了逆向技术流动的内在过程，然后选择系统动力学方法构建模型对四因素的影响进行仿真研究，从而获得在仿真环境下，流动情境、技术、流动渠道和动力对跨国研发中心逆向技术流动绩效的一般影响规律。

4.1 逆向技术流动过程分析

根据2P－4F研究框架，逆向技术流动初阶段和终阶段受流动情境、技术、流动渠道和动力的影响。而逆向技术流动过程中，初阶段和终阶段只是完成了技术的流动，跨国研发中心和母公司还须对技术进行一系列的“加工”。

逆向技术流动绩效多以专利或引用方式等表示，这意味着逆向技术流动并不只是简单的技术从技术发出方到技术接收方的流动，技术接收方还需要对所接收到的技术进行相应的处理，转化成自己的技术专利或技能，才能真正意义上实现逆向技术流动。以跨国研发中心为节点的初阶段和终阶段，在现实情况中并不是连续的时序行为。换句话说，由于初阶段和终阶段只表示技术的流动行为，为了获得技术，跨国研发中心与技术发出组织之间完成初阶段的技术流动后，跨国研发中心还须完成一定的工作，才开始终阶段；同理，终阶段完成后，母公司也需要完成一定的工作实现技术的拥有。以跨国研发中心对初阶段和终阶段的联结为例，来研究逆向技术流动的内在过程。

4.1.1 初阶段和终阶段的联结

跨国研发中心对初阶段和终阶段的联结，受到基于知识代理人的知识转移过程模型（Shin & Kook，2014）的启发。Shin 和 Kook 提出基于知识代理人的知识转移过程模型，为跨国研发中心对初阶段和终阶段的联结作用研究提供了一定的思路。知识代理人源于 Tushman 和 Katz（1980）的理论，Tushman 和 Katz 认为有了知识代理人进行知识转移可以节省转移成本。知识代理人必须同时熟悉知识寻求方组织和知识来源组织的知识，与知识寻求组织之间相互交流以此来识别对外部知识的需求，协调和调整对知识源知识的获取，理解从知识源组织发送的知识，并在知识寻求组织中定位和传播，如此联结了知识来源组织和寻求组织。据此，Shin 和 Kook（2014）构建了基于知识代理人的知识转移的二阶段模型，二阶段是指知识代理人首先收集（Gather）和内化（Internalize）来自知识来源组织的知识，然后以知识寻求方熟悉的语言翻译（Translate）和外化（Externalize）知识，从而完成知识转移。

跨国研发中心可以被看作多个知识代理人的集合。由于跨国研发中心在一定程度上既了解东道国的知识和文化，同时作为跨国公司子公司相对了解母公司的知识和文化，且既要作为技术接收方在初阶段与东道国技术源交流，也要作为技术发出方在终阶段与母公司也就是技术的最终寻求方交流，符合知识代理人特点。因此，可以将跨国研发中心看作由多个代理人形成的组织。

类似代理人功能的跨国研发中心，首先收集和内化来自东道国的技术，然后以母公司熟悉的语言翻译和外化技术，这一系列处理后，才开始终阶段的技术流动，这就完成了对二阶段的联结。初阶段里技术以人员、专利或其他相关产品、文件等载体形式从东道国流向跨国研发中心，跨国研发中心需要收集并内化。由于终阶段里技术从跨国研发中心向母公司的流动也多以人员、专利等载体形式，因此终阶段开始前，跨国研发中心还应该继续以母公司熟悉的语言翻译和外化知识。虽然 Shin 和 Kook（2014）强调了知识代理人的收集和内化，翻译和外化技术的职能，但作者并未对这些职能作出具体解释。值得注意的是，现有对初阶段和终阶段流动绩效的影响因素研究，很多学者均证明跨国研发中心吸收能力的重要性，如初阶段研究里，Medcof（1997）、Nobel 和 Birkinshaw（1998）、Singh（2005）等均认为跨国公司及其跨国研发中心具备较强技术能力时，就更容易在东道国吸收消化和拓展技术。当跨国研发中心提高其技术能力和吸收能力也会在一定程度上帮助其从东道国的创新者，升级至全球创新者。Song 等（2011）则实证检验了跨国研发中心技术吸收能力与其在东道国创新绩效之间的倒“U”形关系。终阶段研究中，Nair 等（2016）通过实证研究表明逆向知识转移与研发中心的技术能力呈正相关关系（子公司技术能力高低由母公司评价）。

对照吸收能力四维度（获取、消化、转化、应用）的内涵，本书认为初阶段和终阶段之间的联结本质上是跨国研发中心发挥对技术的吸收作用。由于在初阶段的技术流动，跨国研发中心已经接收技术，在进行终阶段技术流动之前，跨国研发中心还需吸收技术，包括对技术的消化、转化和应用，也就是内化、翻译和外化环节，然后跨国研发中心才向国内母公司转移技术。其中，内化技术指对技术的消化（Assimilation）、企业对外部技术的吸收，可以理解为对新获取信息或技术的分析、过程化、解释、理解和分类等的过程和程序（Szulanski，1996；Zahra & George，2002）。翻译技术是对技术的转化（Transfermation），企业开发开放和重新定义内部程序从而促进已有技术和新获取技术的转换与联合的过程，可以通过增加或删减知识，或者解释和使用不同的、创新的方式，结合已有知识来达到（Kogut & Zander，1992；Van den Bosch et al.，1999）。外化技术是对技术的应用（Application），企业将已经获取、消化和转换的技术到应用企业运作中，从而重新定义、完美、扩大和影响企业现有的流程、产品制造过程、竞争力和技术，甚至还能够创造新的流程、开发新的竞争力、产品以及企业组织形式（Lane & Lubatkin，1998；Zahra & George，2002）。

类似地，终阶段技术流动后，母公司也要对其有一个吸收的过程，才最终将其转化为可以被衡量的绩效。

4.1.2 逆向技术流动过程中存在的反馈

跨国研发中心在初阶段接收技术后，还继续对接收到的技术进行吸收，之后才开始进行终阶段，从而实现对初阶段和终阶段的联结。当本次逆向技术流动完成后，是否进行下一次的逆向技术流动，这取决于母公司对技术目标实现程度的判断。根据跨国公司技术目标的实现与否向跨国研发中心反馈，跨国研发中心据此判断是否继续初阶段的技术接收（反馈1）和终阶段的技术转移（反馈2）。

由于知识转移是一个不断循环包含反馈的动态演化过程（谭大鹏，2006），因此有理由认为，逆向技术流动也存在某个反馈。跨国研发中心作为跨国公司逆向技术寻求的承担者，通常需要在一段相对较长的时间来实现跨国公司的技术战略。这一过程中，参与主体之间存在不断的交互与反馈，跨国研发中心和国内母公司技术量呈不断增长的动态趋势，直到实现技术战略目标后，形成负反馈减少逆向寻求的行为。

逆向技术流动的负向反馈有两条，或者说起到两个作用：其一是通过反馈，跨国研发中心决定是否进行初阶段的技术获取。以华为技术有限公司（以下简称华为）为例，华为的多家跨国研发中心近几年的主要目标是攻坚5G技术，可以理解为在一段时间里，跨国公司为了获取某一技术目标，需要跨国研发中心在东道国寻求技术，跨国研发中心接收技术并吸收技术，然后再将技术转移至母公司的过程。显然，当跨国公司逐步实现了该技术目标后，在东道国的技术获取动力有所减弱。这在Song等（2011）的研究中也得到了验证，他通过对日本企业跨国研发中心的调研表明，跨国研发中心技术达到一定能力时，就会减少在东道国的技术寻求活动。

其二是通过反馈决定是否进行终阶段的技术流动。当母公司获得从跨国研发中心转移而来的技术后，母公司就不再需要终阶段的技术流动。因此，母公司发出的反馈分别反映在跨国研发中心的技术接收和技术发送上。

基于上述对逆向技术流动过程的分析，跨国研发中心逆向技术流动可看作技术在具有明确边界的成员包括东道国技术源组织、跨国研发中心、国内母公司之间的流动。结合对二阶段的联结分析和反馈分析，得到逆向技术流动2P－4F的过程，如图4－1所示。

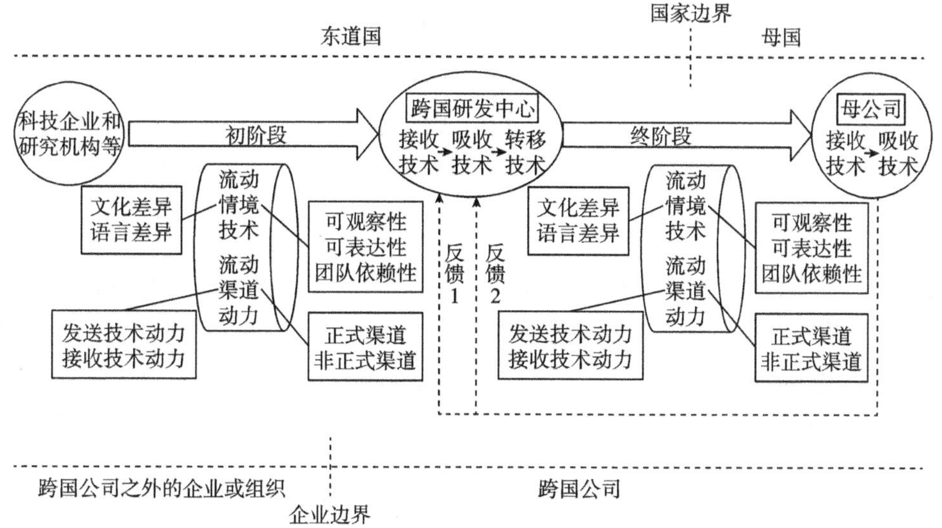

图4－1　逆向技术流动2P－4F过程

资料来源：笔者绘制。

4.2　仿真研究设计

4.2.1　方法选择

基于对逆向技术流动过程的分析，以及第3章对过程中四因素对逆向技术流动绩效的影响分析，本书选择系统动力学方法进行仿真研究。

首先关于“系统”的含义，1978年美国系统学家Gorden认为，所谓“系统”是指相互作用、互相依靠的所有事物，按照某些规律结合起来的综合。贾仁安和丁荣华（2012）认为，系统的动态性不是随机的不稳定的动态性，而是可以预期的，有一定规律的动态性。钟永光等（2011）概括了系统的四个基本特征：①系统所属对象和流程决定了系统的结构；②系统是对现实的归纳；③观察系统可以通过输入和输出来进行，输入通过系统内部的处理和加工后形成输出离开系统；④系统的不同部分之间也相互作用。钱学森认为：“系统是由相互作用和相互依赖的若干组成部分结合成的具有特定功能的有机整体，而这个系统本身又是它所从属的一个更大系统的组成部分。”

系统动力学（System Dynamics，SD）是系统科学理论与计算机仿真紧密结合，用来研究系统反馈结构与行为的一门科学（Forrester，1989）。系统动力学中，系统的行为模式与特性主要取决于其内部结构。系统动力学模型可以模拟实际系统，特别是社会、经济、生态等复杂的大系统。系统动力学的研究对象，其行为特征取决于该对象内部的动态结构与反馈机制（王其藩，1994）。

图4－1体现了在一个有边界的循环反馈系统内，逆向技术流动四因素对初阶段和终阶段绩效的影响。系统动力学研究对象的行为特征主要取决于内部的动态结构与反馈机制，该系统具有远离平衡的耗散结构和相对明确的边界，系统的动态性可以预期、有一定规律性（王其藩，1994）。据此，逆向技术流动符合系统动力学的建模条件。

基于钟永光等（2017）对系统动力学方法的研究，首先明确模型边界（见表4－1），即明确模型的内生变量、外生变量以及被排除在外的变量；其次构建系统动力学模型（以下简称系统模型）；最后通过对各因素的敏感性分析，讨论四因素的影响规律。

4.2.2 模型构建

4.2.2.1 模型基本假设

构建跨国研发中心逆向技术流动的系统模型，在仿真时间内，有两个基本假设：①假设跨国研发中心所在的东道国满足其技术寻求目标，能够实现逆向技术流动的二阶段；②假设逆向技术流动参与主体组成的系统，不受系统之外其他任何因素如东道国经济环境、制度环境或母国相关环境等因素的影响。

4.2.2.2 因果关系分析

因果关系图能够简洁地表达出复杂系统中各变量之间相互影响和相互作用的关系，可以明确地确定出系统动态模型的范围，是表示系统反馈结构的重要工具。因果关系图包含多个变量，变量之间由标出因果关系的箭头所联结。变量由因果链所联系，因果链由箭头表示。

表 4－1 逆向技术流动绩效的影响因素仿真模型的边界

内生变量	外生变量	被排除在外的变量
	东道国发送技术的动力	
	东道国的技术价值	
	跨国研发中心接收技术的意愿	
	初阶段技术流动渠道	
	终阶段技术流动渠道	
	初阶段流动的技术特点	
	终阶段流动的技术特点	
研发中心技术量	初阶段流动情境	技术相关性
研发中心吸收能力	终阶段流动情境	两国环境差异
母公司技术量	研发中心接收技术延迟	两国制度差异
母公司吸收能力	研发中心吸收技术延迟	两国文化差异
	研发中心转移技术延迟	
	母公司接收技术延迟	
	母公司吸收技术延迟	
	研发中心吸收技术时的技术失效	
	母公司吸收技术时的技术失效	
	研发中心吸收能力	
	母公司吸收能力	

根据图 4－1 可知，逆向技术流动是一个反馈系统，通过母公司向跨国研发中心作相关反馈，跨国研发中心判断初阶段和终阶段的开始与结束，二阶段进行中，四因素产生影响。初阶段，技术发出方所发送技术的可观察性可表达性和团队依赖性，其与跨国研发中心之间正式渠道或非正式渠道的频率、语言差异和文化差异以及二者发送和接收的动力均影响跨国研发中心对技术的接收；终阶段，跨国研发中心与母公司之间的四因素特点影响母公司对技术的接收。跨国研发中心和母公司完成对技术的接收后，均须继续吸收技术，从而实现最终技术量的累积。以跨国研发中心逆向技术流动为主线，以动力、技术特点、流动渠道、流动情境为作用方式建立逆向技术流动的因果关系，如图 4－2 所示。

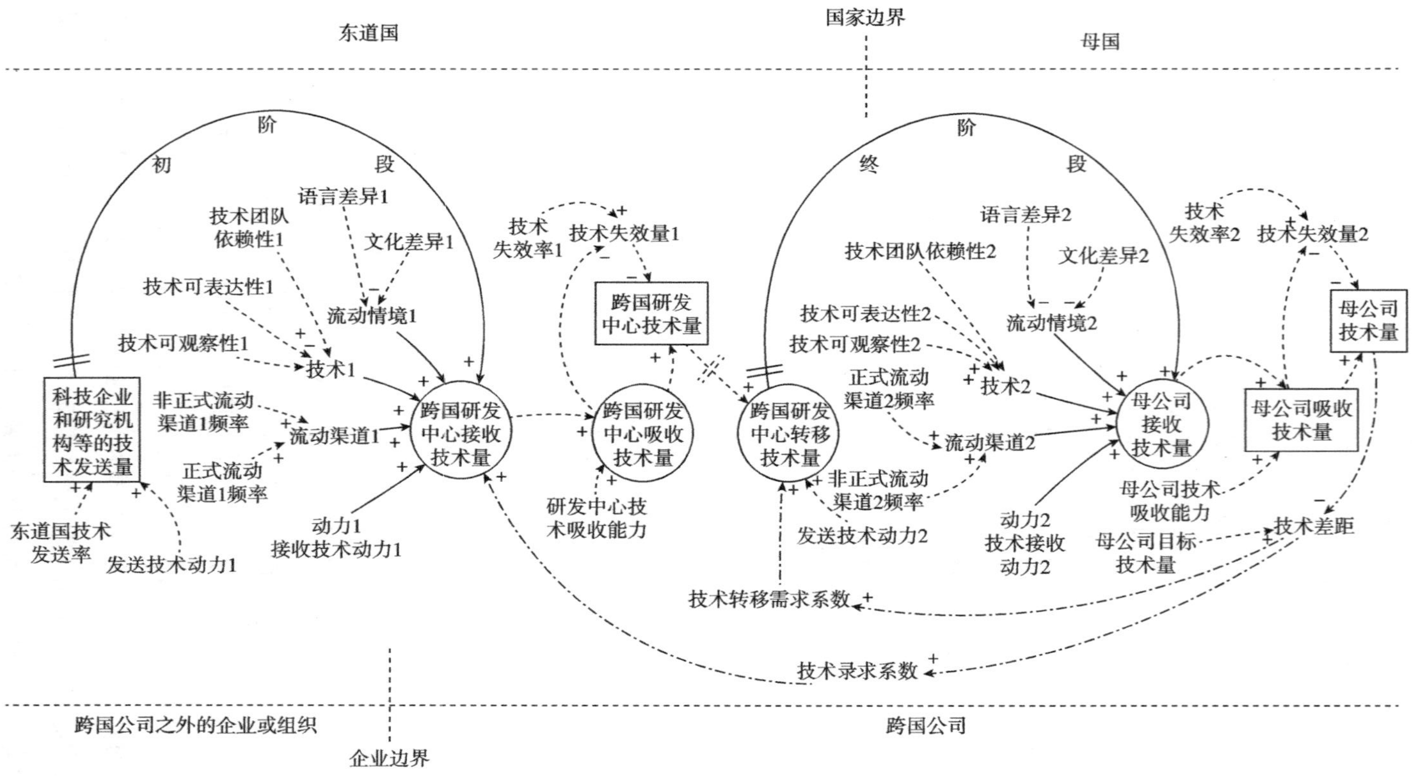

东道国
国家边界
母国
初 阶 段
终 阶 段
科技企业和研究机构等的技术发送量
东道国技术发送率
发送技术动力1
技术团队依赖性1
语言差异1
文化差异1
技术可表达性1
流动情境1
技术可观察性1
技术1
非正式流动渠道1频率
流动渠道1
正式流动渠道1频率
动力1
接收技术动力1
跨国研发中心接收技术量
技术失效率1
技术失效量1
跨国研发中心技术量
跨国研发中心吸收技术量
研发中心技术吸收能力
跨国研发中心转移技术量
技术团队依赖性2
语言差异2
文化差异2
技术可表达性2
技术可观察性2
流动情境2
正式流动渠道2频率
技术2
流动渠道2
非正式流动渠道2频率
发送技术动力2
动力2
技术接收动力2
母公司接收技术量
技术失效率2
技术失效量2
母公司技术量
母公司吸收技术量
母公司技术吸收能力
母公司目标技术量
技术差距
技术转移需求系数
技术录求系数
跨国公司之外的企业或组织
企业边界
跨国公司

图 4－2　逆向技术流动 2P－4F 过程的因果关系

注：图中部分变量后标“1”或“2”表示该变量对应在初阶段或终阶段。为了方便与图 4－1 进行对照比较，作者借助 Word 工具在图形中标识出边界（国家边界和企业边界）和二阶段（初阶段和终阶段），下同。

需要说明的是，跨国研发中心和国内母公司吸收所接收的技术时，会产生一定量的失效技术，相应指标为技术失效量1和技术失效量2。下文只以其中两条反馈路径举例进行详细分析。

反馈路径1“母公司技术量—技术差距—技术转移需求参数—转移技术量—母公司接收技术量—母公司吸收技术量—技术失效量2—母公司技术量”，表示母公司与其技术目标有差距时，母公司会增加终阶段技术流动的需求，继而影响跨国研发中心的转移技术量，从而增加母公司的接收技术量，吸收技术量随之增加，与此同时会引起部分技术失效量2，但最终仍然增加母公司技术量。

反馈路径2为“母公司技术量—技术差距—技术寻求参数—研发中心接收技术量—研发中心吸收技术量—技术失效量1—研发中心技术量—转移技术量—母公司接收技术量—母公司吸收技术量—技术失效量2—母公司技术量”，表示母公司与其技术目标有差距时，跨国研发中心在初阶段的技术寻求参数会增大，因此，其在东道国的技术接收量就会不断增加，吸收量也随之增加，同时产生部分技术失效量1，但研发中心的技术量仍然有所增加，继而增加向母公司的技术转移量，母公司接收技术量随之增加，吸收技术量继而增加，同时也产生部分技术失效量2，最终仍然增加了母公司的技术量。

反馈路径1表明终阶段的技术流动直接影响逆向技术流动绩效，反馈路径2表明逆向技术流动通过初阶段影响终阶段，最终实现母公司的技术目标，说明跨国研发中心在逆向技术流动中的重要地位。图形中，参与主体的动力、流动渠道、技术特点和流动情境分别在初阶段和终阶段影响跨国研发中心接收技术量和母公司接收技术量（“+”表示正向影响，“-”表示负向影响），研发中心技术发送动力正向影响转移技术量，继而影响反馈回路中研发中心接收技术量、转移技术量、母公司接收技术量，从而影响母公司技术量。

4.2.2.3 系统流图构建

模型是对2P-4F模型的具象化和数学化表达，具体呈现逆向技术流动过程及四因素的影响逻辑，还对各变量写入数学公式来表征2P-4F模型中的理论关系，是在因果关系图的基础上进一步区分变量的性质，用更加直观的符号刻画系统因素之间的逻辑关系，明确系统的反馈形式和控制机制。流图中包括几个不同性质的变量：①状态量，也称存量，是系统中积累效应的变量，在流图中，状态量用一个矩形符号表示；②速率变量，也称流量、决策变量，描述系统中积累效应变化快慢的变量，是数学意义上的导数，在流图中，速率变量使用“⧖”表示；③辅助变量，是状态变量和速率变量之间信息传递和转换过程的中间变量，表达如何根据状态变量计算速率变量的决策过程；④常量，也称外生变量，在研究期间内变化甚微或者相对不变的量，常量可以直接输入给速率变量，或者通过辅助变量输入给速率变量。

首先基于因果关系分析，引入相关变量，如跨国研发中心技术量和母公司技术量为模型状态量（图中以方框标记），表示初阶段和终阶段绩效；发送技术量（即东道国发送技术量）、接收技术量（包含跨国研发中心接收技术量和母公司接收技术量）、转移技术量以及流动情境四因素（图中以下划线标记）为模型辅助变量，体现二阶段技术流动始于对技术的发送、止于对技术的接收；吸收技术量、失效技术量为模型速率变量，体现二阶段结束后技术接收方对技术的内在吸收过程。四因素分别由不同维度构成，存在于技术的发送与接收之间，直接影响对技术的接收。其他变量如技术差距等均是为完善逆向技术流动系统设置的常量。

然后基于变量之间的因果关系对各变量写入数学公式。模型使用“+”“-”表示变量之间正向和负向影响关系。参考叶矫等（2012）、陈怀超等（2017）、周钟和陈智高（2018）、储节旺和李章超（2018）等运用系统动力学进行的知识转移相关研究，结合华为在加拿大渥太华的研发中心（以下简称“渥太华研发中心”）[①] 的现实情况，将各变量之间的关系抽象成数学公式写入模型，形成图4-3。

① 选择华为渥太华研发中心逆向技术流动作为现实参考的理由：为华为作为中国500强企业，官网（https：//www.huawei.com/cn）显示，至2018年华为已经有16家跨国研发中心，居全国领先地位，并且华为拥有相对成熟的全球研发管理系统。这些跨国研发中心致力于追踪世界领先技术和利用当地资源开发前沿技术。例如，通过调研获知，华为渥太华研发中心在加拿大利用当地人才等资源来研发5G技术并将该技术与华为国内的研发中心包括上海、南京等研发中心分享。因此，可以将渥太华研发中心的相关实践，作为仿真模型相关参数设定的一定参考。关于华为渥太华研发中心相关数据获取的说明：笔者受北京市资助，前往加拿大卡尔顿大学进行项目研究（2016年9月至2017年2月），期间对渥太华研发中心进行调研，采访了渥太华研发中心两位中层管理者（研发部门经理和人力资源部主管），获得一手访谈数据，并通过搜集当地新闻报道和国际会议等渠道收集二手资料。

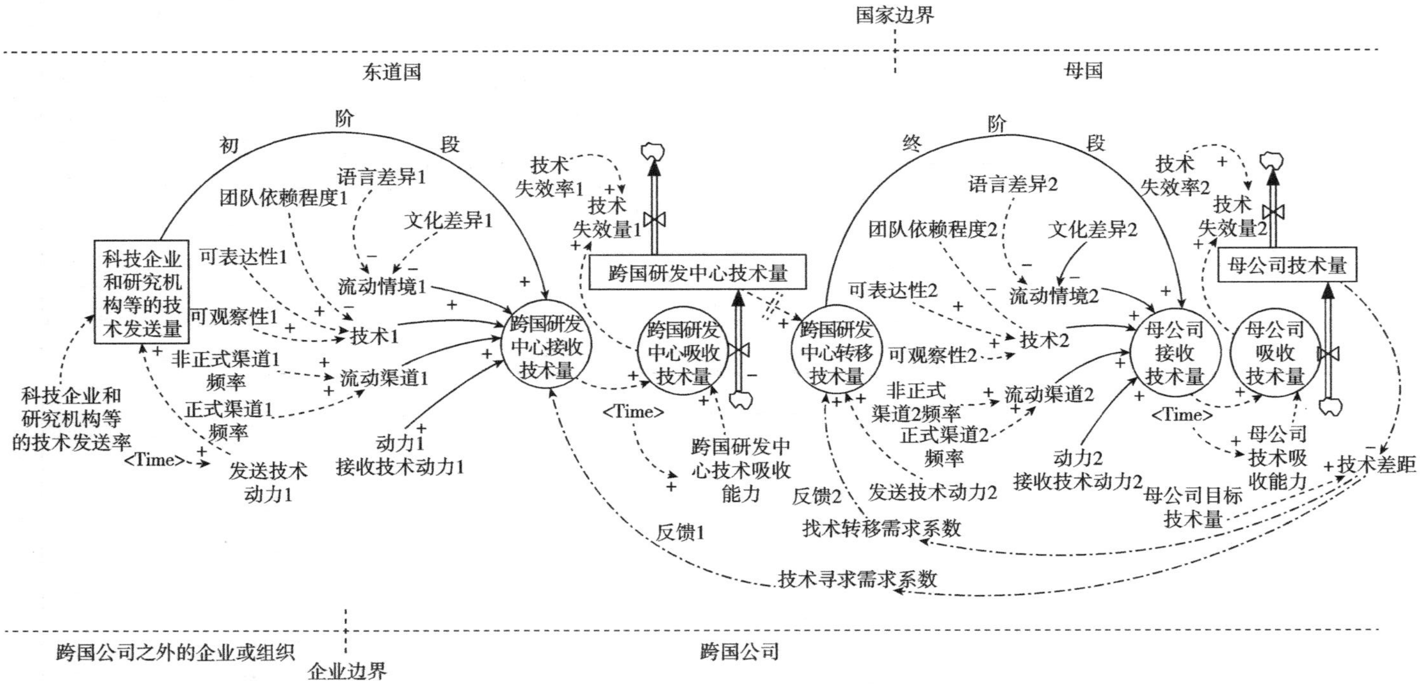

图4-3 逆向技术流动2P-4F过程的系统流图

资料来源：笔者借助 Vensim PLE 软件及 Word 图形工具绘制。

模型中涉及的主要变量如表4－2所示，下面列出几个关键变量的模型（更多变量模型见附录四）：

表4－2　仿真模型涉及的变量

存量	流量		辅助变量	常量
	流入速率	流出速率		
跨国研发中心技术量	跨国研发中心吸收技术量	技术失效量1	东道国技术源组织发送技术动力 东道国技术价值 技术1 技术流动渠道1 流动情境1 跨国研发中心技术吸收能力 技术差距1 技术2 技术流动渠道2 流动情境2 母公司技术吸收能力 技术差距2 东道国技术发送量	母公司目标技术量 技术可表达性1 技术可观察性1 技术团队依赖性1 技术可表达性2 技术可观察性2 技术团队依赖性2 正式渠道1频率 非正式渠道1频率 正式渠道2频率 非正式渠道2频率 文化差异1 语言差异1 文化差异2 语言差异2
母公司技术量	母公司吸收技术量	技术失效量2		跨国研发中心接收技术动力 跨国研发中心转移技术动力 母公司接收技术动力 东道国发送技术动力 技术寻求需要参数 技术转移需求参数 技术失效率1 技术失效率2

资料来源：笔者整理。

两个状态量：

（1）母公司技术量 = INTEG（母公司吸收技术量 - 技术失效量 2，30），设置母公司初始技术量为 30（单位：item）。

（2）跨国研发中心技术量 = INTEG（跨国研发中心吸收技术量 - 技术失效量 1，10），设定跨国研发中心初始技术量为 10（单位：item）。

四个速率变量：

（1）跨国研发中心吸收技术量 = 跨国研发中心接收技术量 × 跨国研发中心吸收能力（单位：item/Week）。

（2）母公司技术吸收技术量 = 母公司接收技术量 × 母公司吸收能力（单位：item/Week）。

（3）技术失效量 1 = STEP（技术失效率 1 × 跨国研发中心吸收技术量，5），由于知识创新需要一个过程，因此用阶跃函数来模拟这个过程。作为接收方的跨国研发中心到东道国搜集技术并吸收技术，当吸收技术时，根据上面的延迟第 5 周开始出现技术失效量，会产生一些失效技术，假定失效率为 0.1（单位：item/Week）。

（4）技术失效量 2 = STEP（技术失效率 2 × 母公司吸收技术量，11），由于从研发中心而来的技术还需要经过母公司接收和吸收，根据上面的时间延迟，本书认为第 11 周开始出现技术失效量，假设技术失效率 2 为 0.1（单位：item/Week）。

主要辅助变量：

（1）跨国研发中心技术吸收能力 = WITH LOOKUP（Time，（[（0，0）-（60，1）]，（0，0.2），（10，0.3），（20，0.4），（30，0.5），（40，0.6），（50，0.7），（60，0.8）））。

跨国研发中心吸收能力随着技术量的增加而增强，这里使用表函数来模拟吸收能力。吸收能力取值范围（0，1），最初吸收能力为 0.3，最终吸收能力达到 0.9。

（2）母公司技术吸收能力 = WITH LOOKUP（Time，（[（0，0）-（60，1）]，（0，0.3），（10，0.4），（20，0.5），（30，0.6），（40，0.7），（50，

0.8)，(60，0.9)))。母公司技术吸收能力随着技术量的增加而增强，为避免系统过于复杂，这里使用表函数来模拟吸收能力。由于母公司初始技术量相对较大，母公司的初始吸收能力略高于研发中心，初始吸收能力为0.4，最终吸收能力达到0.9。

（3）东道国技术发送动力 = WITH LOOKUP（Tim（[（0，0）-（60，1）]，（1，0.1）（10，0.2）（20，0.3）（30，0.4）（40，0.38）（50，0.3）（60，0.28)))。东道国技术发送动力比较复杂，在初期通常会因为技术合作带来的声誉而有较大的技术发送动力。随着分享的技术越来越多，东道国会考虑本企业或者本国的技术泄露而有所保留，因此东道国的技术发送动力先逐渐提高然后有所下降。

（4）技术 = IF THEN ELSE（技术可表达性 × 技术可观察性 > 技术团队依赖性，技术可表达性 + 技术可观察性，技术团队依赖程度 - 技术可表达性 - 技术可观察性）。当技术可表达性和技术可观察性均大过技术团队依赖性时，技术特点的最终值取决于技术可表达性和技术可观察性的取值之和，技术团队依赖性不足以影响技术特点；反之，技术特点完全取决于技术团队依赖性。各变量取值为（0，1），适用于技术特点1、2，等式右边变量随之变化（二阶段通用）。

（5）流动情境 =1 - 语言差异 × 文化差异，语言差异和文化差异的取值范围是（0，1）（二阶段通用）。

（6）流动渠道 = 正式渠道频率 +0.1 × 非正式渠道频率（二阶段通用）。

（7）转移技术量 = DELAY1（技术转移需求参数 × 跨国研发中心发送技术动力 × 跨国研发中心吸收技术量，4，0）。跨国研发中心吸收消化从东道国而来的技术后，决定向母公司逆向转移，从决策到实施转移存在时间延迟，延迟时间为1周，根据前面的时间延迟，仿真时间开始第4周时开始转移技术（单位：item/Week）。

4.3 基于仿真模型的敏感性分析

4.3.1 仿真模型的有效性检验

模型有效性检验是为了验证模型能否反映现实系统的特征和变化规律，包括结构合理性检验、系统边界性和量纲一致性检验、初始数据输出验证。

4.3.1.1 结构合理性检验

本书在对跨国研发中心逆向技术流动进行系统分析与模型构建时，阅读了大量相关文献资料，并直接比较典型的跨国研发中心——华为渥太华研发中心进行访谈，这样基本保证了逆向技术流动 2P－4F 过程的系统模型与能够代表跨国研发中心逆向技术流动的一般实践。

4.3.1.2 系统边界性和量纲一致性检验

系统边界性测试主要是检查系统中重要的概念和变量是否是内生变量，同时测试系统的行为对系统边界假设的变动是否敏感。该模型是基于母公司的技术目标来进行，假设该目标在国内现有环境中几乎很难实现，必须在海外寻求。然而，母公司的这个技术目标和初始技术量之间存在技术差距时即技术差距 2，就会向跨国研发中心分派技术目标任务以弥补技术差距 2，研发中心根据已有的初始技术目标和技术差距 2 计算实现母公司技术目标时还需要寻求的技术量为技术差距 1，从而决定在东道国的技术寻求，直到技术差距 2 和研发中心技术量相同并假设研发中心技术量都可以完全转移到母公司时，逆向技术流动才停止，至此完成一个主要回路循环。另外，由于该模型的仿真时间是 60 周，通过与业内人士的访谈，企业对外来技术的吸收能力随着时间的推移而逐渐增强，但由于吸收能力不是本书研究的主要问题，另外为了更好地体现内生性特点，本书设置了表函数表示技术吸收能力的非显性变化。

确保量纲具有现实意义后，还要保证方程内部的量纲是统一的。量纲一致性检测有两种方法：一是可以通过逐一核对每一个方程的量纲；二是可以通过模型软件自带的功能，自行测试并报错。经测试，该模型量纲统一。该模型里，根据上述对逆向技术流动绩效的研究回顾，该模型对逆向技术流动绩效的单位“项”，既表示逆向技术流动的专利引用量单位，也包括获得技术后消化吸收再创新形成的本公司专利单位，还包括一些通过技术流动而来的其他技术形式的单位（技能等）。

4.3.1.3　*初始数据输出验证*

在进行系统动力学仿真之前，需要设定模型的仿真周期。根据笔者对华为渥太华研发中心的访谈资料，基于技术寻求目标，企业之间的技术流动一旦形成，技术寻求企业为了节约成本，通常以周为单位进行项目的追踪和汇报，而王欣和孙冰（2012）的研究中也以周为单位，因此，设定模型的仿真周期为60周（Week），步长为1周（Week）。一些常量如技术失效率（技术失效率1和技术失效率2）、技术特点（技术可表达性1、2，技术团队依赖性1、2和技术可观察性1、2）、流动情境（语言差异1、2和文化差异1、2）、技术寻求需求参数、技术转移需求参数等取值范围为（0，1）。在确保量纲一致性的前提下，该模型在Vensim PLE软件平台运行，模型仿真结果如图4－4所示。

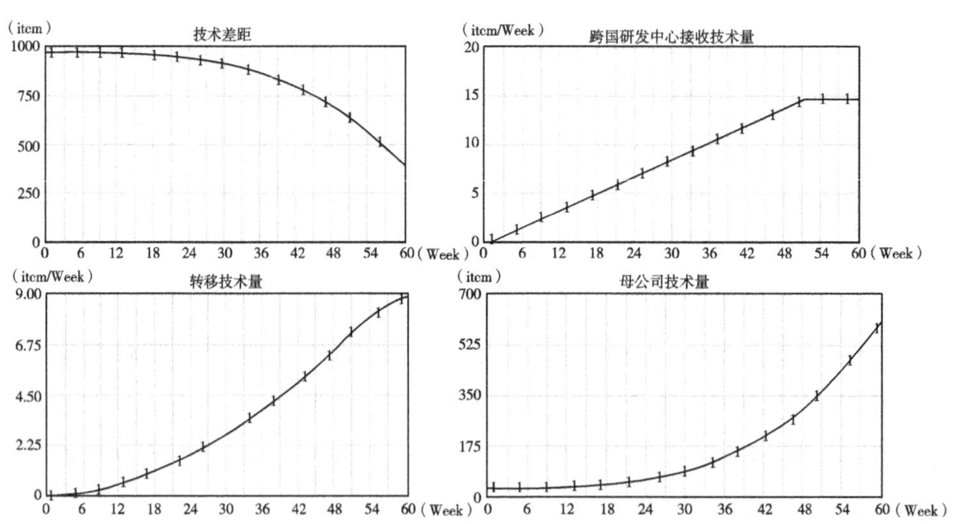

图4－4　初始模型的仿真结果

仿真开始时，由于技术差距的存在（见图4－4“技术差距”），通过反馈1和反馈2，跨国研发中心持续接收技术，并向母公司转移技术。初阶段技术流动开始，延迟一周后，跨国研发中心接收技术，经消化吸收后，其技术量匀速增长（见图4－4“跨国研发中心接收技术量”），考虑向母公司转移技术。延迟一周后，终阶段技术流动开始，转移技术量不断增加（见图4－4“转移技术量”），母公司技术量（见图4－4“母公司技术量”）增加。仿真结束时，母公司技术量与其目标仍有差距（见图4－4“技术差距”），但从图4－4“跨国研发中心接收技术量”看，跨国研发中心第52～60周不再接收技术，表示初阶段技术流动已经终止，反馈1结束，反馈2继续发挥作用，终阶段持续，因此转移技术量和母公司技术量依然保持增加态势。如果继续增加仿真时间，直到技术差距为0时，终阶段技术流动方才结束。

上述运行结果基本反映了逆向技术流动的现实运行情况。跨国研发中心通过逆向技术流动实现对母公司技术的补充，当母公司尚未实现某个领域的技术目标，跨国研发中心则在东道国持续进行该领域技术的搜集，接收到从东道国组织发送的越来越多的技术，向母公司转移的技术也随之增多，母公司越来越接近技术目标。当跨国研发中心通过累积已经掌握母公司所需的技术时，则会停止在东道国的技术搜集，但向母公司的技术转移仍在继续，跨国研发中心技术量停止增加而母公司技术量持续增加，直到母公司实现技术目标。鉴于该模型对逆向技术流动的现实模拟，可以进一步分析逆向技术流动系统结构，探讨四因素与绩效之间的动态关系。

4.3.2　敏感性分析结果

为确定各个参数变化对逆向技术流动的动态影响规律，可以通过对各因素的敏感性分析来实现。即固定其他因素的参数值，改变其中一个因素的参数值并取不同值后，观察图形输出，从而获得该因素对逆向技术流动绩效的影响规律。同时以华为及其渥太华研发中心的现实案例对敏感性分析的结果进行补充说明和解释。

本书分别考察流动情境（文化差异1、2，语言差异1、2）、技术（技术可表达性1、2，技术可观察性1、2，技术团队依赖程度1、2）、流动渠道（正式渠道1、2，非正式渠道1、2）和动力（跨国研发中心接收动力和跨国研发中心发送动力）对初阶段和终阶段绩效的影响。输出图中曲线3为初始值输出，曲线2和曲线1是对初始值依次递增或递减后的输出，如文化差异1（5）、文化差异1（7）和文化差异1（9）表示初阶段文化差异从初始值0.5依次递增取值为0.7、0.9，输出分别为曲线3、曲线2和曲线1，其他类同。

4.3.2.1 流动情境对逆向技术流动绩效的影响

观察图4－5（a），增加语言差异，跨国研发中心和母公司约在第30周和第36周才开始呈现较小幅度的下降趋势，随着时间的推移，这种负向关系略变显著，一定程度上表明逆向技术流动绩效对语言差异并不十分敏感。观察图4－5（b），增加文化差异，跨国研发中心技术量在仿真时间内几乎没有产生明显的变化，但根据曲线发展趋势可以预测，长期来看较大的文化差异会产生较弱的负增长。这与以往学者如Lyles和Salk得到的二者显著负向关系的论点相比，增加了对该结论成立的时间限制。

图4－5表明流动情境在短期里对逆向技术流动绩效的影响并不明显，但随着时间推移逐渐呈负向影响。换句话说，流动情境在短期并不能成为逆向技术流动的障碍，华为研发全球化在全世界范围内的迅速扩张，一定程度上解释了该结论。华为除在以英语为交流语言的加拿大和美国设立跨国研发中心外，也在一些非英语国家，如意大利、德国、法国、印度、日本等国设立跨国研发中心。尽管这些国家和中国存在较大的文化、语言差异，却仍然能吸引华为跨国研发中心的进入。如华为法国跨国研发中心，由于法国是世界上数学家密度最高的国家之一，并且拥有巴黎高等科学研究院、巴黎高等师范学院等一大批顶尖的研究基地，这些世界顶级资源才是华为在该国设立跨国研发中心首要考虑的因素。

然而，从长远来看，跨国公司并不能因此忽略流动情境，而须通过具体措施避免文化或语言差异长期影响形成的累积性问题。外派合适人员和雇用本地员工等通常行之有效，例如渥太华研发中心，在关键部门委派熟悉东道国语言的中国员工，作为东道国和母国沟通的桥梁。而在其他职位尽可能多地吸纳或保留相对

更多的东道国本地员工，渥太华研发中心有90%以上的员工是加拿大本地员工，他们成为跨国研发中心和当地机构沟通和合作的重要桥梁。

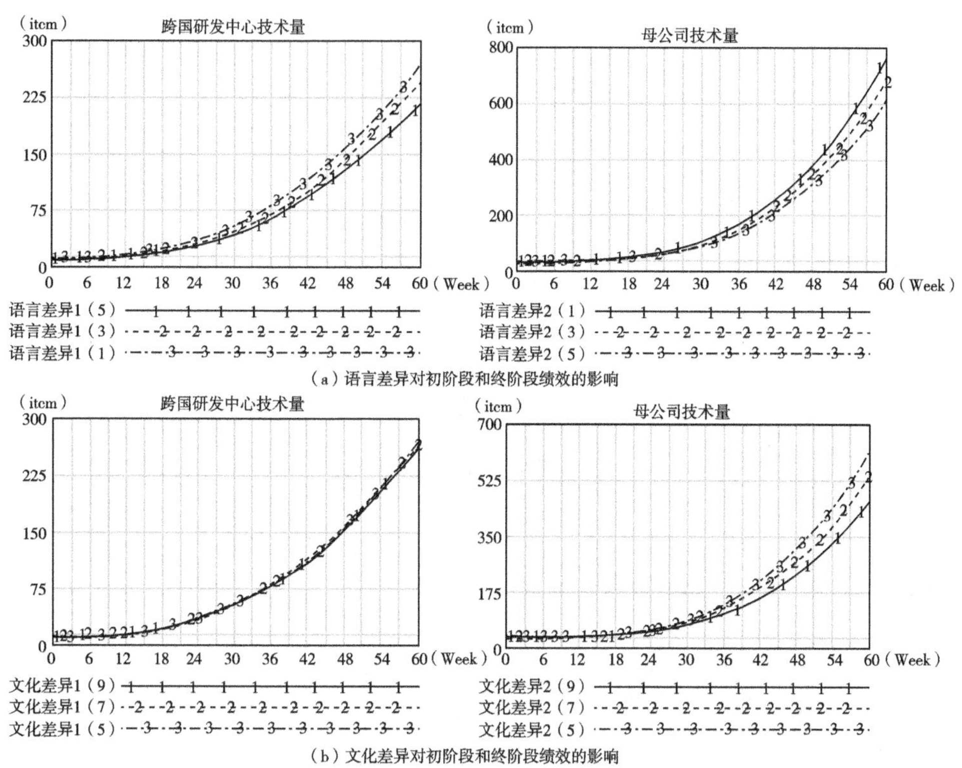

图4-5 流动情境对逆向技术流动绩效的影响

4.3.2.2 技术对逆向技术流动绩效的影响

观察图4-6（a），从第24周开始，跨国研发中心技术量随着技术可表达性的提高而增多；相比之下，终阶段技术可表达性降低时，母公司技术量直到第36周才开始有所反应，并且相同幅度的下降、技术量的降低幅度较初阶段小得多，表明初阶段更容易受到技术可表达性的影响。观察图4-6（b），技术可观察性的影响与技术可表达性的影响较为一致。而图4-6（c）表明技术团队依赖性产生明显的负向作用，并且相比技术可表达性和可观察性，二阶段绩效对技术团队依赖性的变动更为敏感，分别在第21周和第24周就产生反应；另外，相同幅度技术团队依赖性的变动会产生更大幅度的绩效变动。

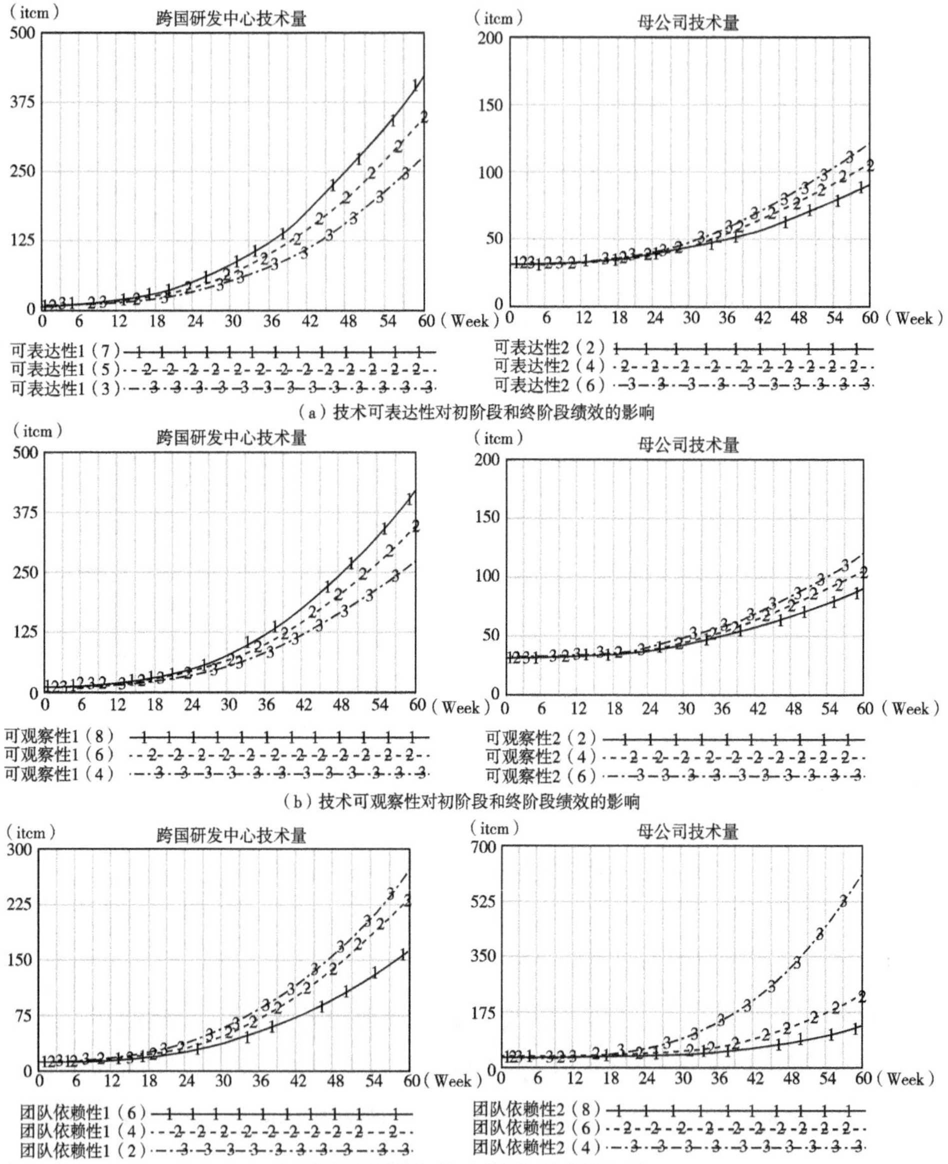

（a）技术可表达性对初阶段和终阶段绩效的影响

（b）技术可观察性对初阶段和终阶段绩效的影响

（c）技术团队依赖性对初阶段和终阶段绩效的影响

图4-6　技术对逆向技术流动绩效的影响

综合图4-6可知，逆向技术流动初阶段对技术三维度特点相对更为灵敏，而比较三维度特点，技术可表达性（技术可观察性）与技术团队依赖性对逆向技术流动分别有正向和负向影响，并且从长期来看，技术团队依赖性对逆向技术流动绩效更具有决定性。根据技术的显性和隐性特点，隐性技术相对显性技术具有更低的可表达性和可观察性，以及相对较高的团队依赖性，团队依赖性较高表明技术的实现依赖已有设备以及现有团队之间的协作等，团队中每位成员均携带技术实现所需的部分重要知识和经验，因此较高的团队依赖性在一定程度上抑制可表达性和可观察性，表明该技术多是隐性，而隐性技术通常是公司新知识的来源（Nonaka，2008），且不容易流动，这解释了为什么技术团队依赖性对逆向技术流动更具有决定性。

现实中团队的跳槽往往有更高的议价能力，更受企业重视，尤其是技术类企业经常以高薪聘请整个研发团队以实现某个技术目标，就是在试图解决高技术团队依赖性对技术流动的阻碍。以渥太华研发中心为例，2009 年加拿大北电网络公司（以下简称北电）在多伦多申请破产保护后，渥太华研发中心第一时间高薪聘请原来在北电工作的核心技术团队。北电拥有 120 年历史，是曾经电信行业的国际巨头，拥有国际领先的光通信技术，渥太华研发中心看重北电技术团队多年来拥有的庞大技术知识和经验，这些技术知识并不是团队中任何一位成员所能替代的。北电团队的加入，为渥太华研发中心在加拿大的 5G 技术寻求迈出了至关重要的一步。

4.3.2.3 流动渠道对逆向技术流动绩效的影响

初阶段和终阶段绩效与正式渠道使用频率均表现出明显的正向关系，如图4-7（a）所示，当初阶段正式渠道的使用频率增多时，跨国研发中心技术量在第 18 周就开始有所反应；终阶段正式渠道发生变化时，母公司技术量到第 27 周才开始有所反应，表明初阶段较终阶段对正式渠道更为灵敏。但从纵轴刻度可知，对正式渠道相同幅度的变动，母公司技术量的变化相对更大，这在一定程度上缩短了技术目标实现的时间。因此，不论从长期或短期来看，坚持正式渠道的使用对逆向技术流动至关重要，验证了 Ghoshal 和 Bartlett 的结论。相比正式渠道的作用，整个仿真时间内，初阶段和终阶段对于非正式渠道使用频率的变动都表现出较低的敏感性，如图4-7（b）所示。

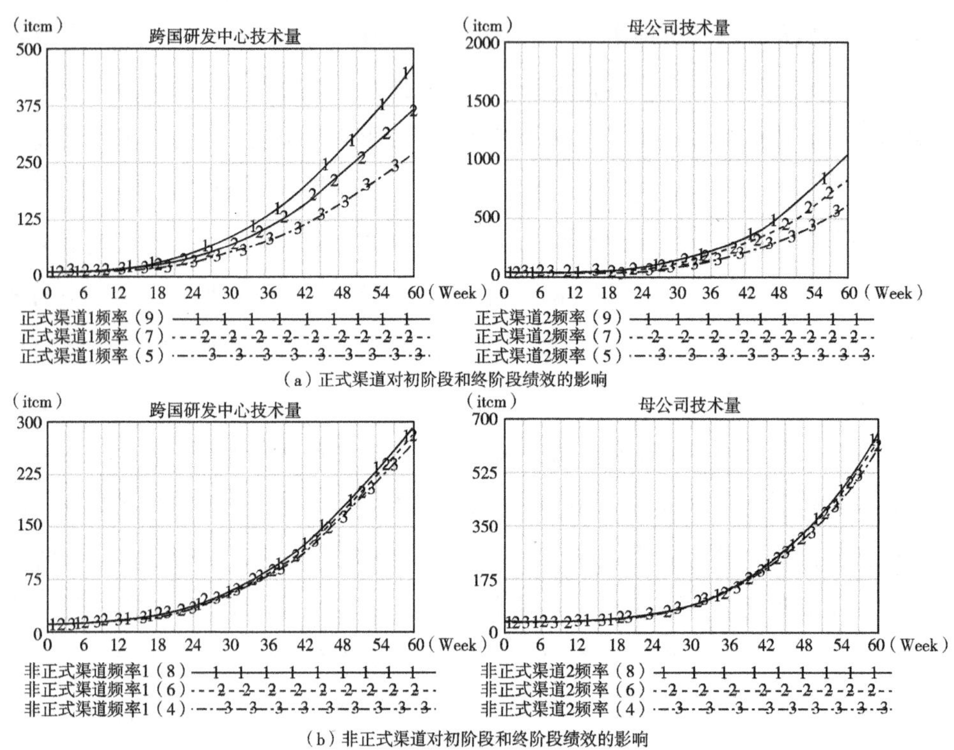

（a）正式渠道对初阶段和终阶段绩效的影响

（b）非正式渠道对初阶段和终阶段绩效的影响

图4-7　流动渠道对逆向技术流动绩效的影响

根据渥太华研发中心对流动渠道的使用情况，一般来说，逆向技术流动主要依赖正式渠道，非正式渠道是正式渠道建立后的必要补充。渥太华研发中心在东道国获取技术的正式渠道通常包括直接购买技术专利、雇用当地员工等形式，终阶段的正式渠道通常包括母公司技术人员的长期外派、母公司向跨国研发中心购买技术专利等形式，这些方式能够直接带来技术，增加技术的累积量。跨国研发中心在一定程度上与国内母公司是从属关系，并且跨国研发中心通常希望表现出较强的技术能力从而获得跨国公司总部的肯定，因此，跨国公司内部在某项技术的实现和转移上容易达成高度一致。这与在东道国进行技术寻求和创新的情形不同，跨国研发中心与外部组织达成某项技术合作后，由于毕竟存在行业竞争和技

术保密等客观现实，合作双方会保持一定的距离。在这样的背景下，同样建立正式渠道时，终阶段相对于初阶段更容易获得技术，也就是逆向技术流动绩效相对更高。非正式渠道主要通过电子设备（如 E - mail、电话）、通信软件（如 Skype、FaceTime 等）实现人员之间的沟通互联。非正式渠道作为正式渠道建立后必备的辅助渠道，有助于技术知识的储备，但很难直接实现技术，增加技术累积量。

4.3.2.4 动力对逆向技术流动绩效的影响

动力的影响包括不同技术发出方的发送动力或跨国研发中心接收动力对初阶段绩效的影响，跨国研发中心发送动力或母公司接收动力对终阶段绩效的影响。考虑到本书研究的落脚点在跨国研发中心，在初阶段和终阶段只分别讨论跨国研发中心接收动力和跨国研发中心发送动力的影响。

图 4 - 8 显示，随着跨国研发中心接收动力或发送动力的减弱，初阶段或终阶段绩效分别在第 18 周和第 24 周左右开始产生下降趋势，并且这种下降趋势在短时间里就表现得越来越明显。一方面表明初阶段相对终阶段更容易受到动力的影响，另一方面表明动力的短期驱动作用很强。在相对陌生的东道国环境下，是否拥有足够的动力去寻求技术是跨国研发中心寻求技术的首要条件，驱动着跨国研发中心在东道国设立初期融入东道国环境，如与技术先进的组织单位建立合作关系等，这进一步验证和深化了 Stenmark 的结论。

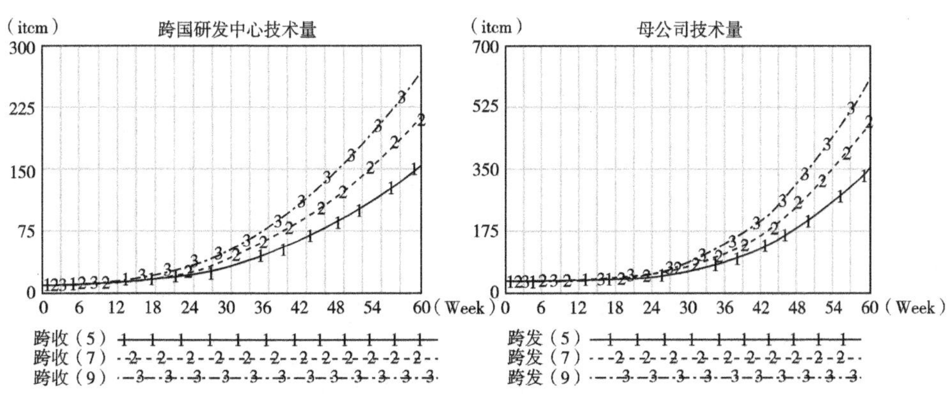

图 4 - 8 动力对逆向技术流动绩效的影响

注：图中“跨收”“跨发”分别指“跨国研发中心技术接收动力”“跨国研发中心技术发送动力”。

4.3.3 结论

首先构建逆向技术流动 2P－4F 的过程图，然后对之建立相应的系统动力学模型，通过对该模型进行敏感性分析，得出流动情境、技术、流动渠道和动力这四因素对逆向技术流动初阶段和终阶段绩效的影响规律。研究得出，初阶段相对终阶段对四因素的变化更为敏感，并且四因素对逆向技术流动绩效的重要性从高到低依次是流动渠道、技术、动力和流动情境。而从四因素的具体影响来看，动力和流动渠道主要是正式渠道均表现出明显的正向促进作用，前者在短期具有更强的驱动力，长期而言，正式渠道的积极影响更平稳有力。技术的可观察性（可表达性）和团队依赖性分别在正、负两个方向上影响逆向技术流动绩效，且团队依赖性较其他两个特点在长期更具决定作用。流动情境的负向影响在短期并不明显，而随着时间的推移逐渐显现。

5　中国跨国研发中心逆向技术流动绩效的影响因素研究

在仿真环境下，通过对仿真模型进行因素的敏感性分析，得出跨国研发中心逆向技术流动绩效影响因素的一般规律，对深入理解逆向技术流动的过程提供了新的思路，从长期、短期进一步了解逆向技术流动绩效的影响因素。但由于敏感性分析是通过固定其他因素的取值，对观察因素取不同值进行的实验研究，这与现实仍有一定差距。另外，在仿真研究中选择典型案例华为渥太华研发中心的逆向技术流动作为一定的参考，但在中国像华为这样具有领先水平的跨国研发中心并不是普遍现象。

仿真研究结论是否适用于更多其他的中国跨国研发中心逆向技术流动实践？为了检验敏感性分析结果对更多中国跨国研发中心是否具有普适性，本书在已有研究结论的基础上，结合相关文献提出四因素与绩效的关系假设，基于对中国跨国研发中心的调研数据，进一步实证研究四因素的影响规律。

5.1　中国企业跨国研发投资的现状分析

20 世纪 60 年代，跨国公司一改传统将研发集中在母国辐射若干国家子公司的管理模式，开始向研发全球化模式转变。跨国研发中心兴起于发达国家之间，目的在投资东道国实现逆向技术流动，最终补充母国技术。中国企业设立跨国研发中心可以追溯到 20 世纪 90 年代，一批家电巨头企业如格兰仕集团、康佳集团、海尔集团掀起了设立跨国研发中心的热潮。进入 21 世纪后，随着改革开放的深入和经济全球化的发展，通信企业如华为、中兴也开始了研发全球化战略，在一些发达国家如加拿大、瑞典、英国等国家设立跨国研发中心。

商务部网站公布的《境外投资企业（机构）备案结果公开名录》（以下简称《商务部名录》），包含企业的境外投资国家/地区、境内投资主体、境外投资企业（机构）名称、国内所属省市、经营范围以及企业的证书号等信息，截至2018 年 3 月，商务部名录公布的企业共 29033 家，共获得 128 家企业的 199 家跨国研发中心（章东明和崔新健，2018）。商务部公布的名录包含“企业编号”“国内母公司”“企业性质”“所属行业”（根据国家统计局规定的“国民经济行业分类 GB/T 4754－2011”进行行业划分，且本书只关注这些企业在东道国所设立的研发中心所属的行业）“所属省市”“境外投资国家/地区”“境外投资企业/机构”“经营范围”“设立时间”等信息。

筛选原则如下：

（1）利用 Excel 的筛选器功能，在“投资国家/地区”这一列选择发达国家，获得投资在发达国家的跨国研发中心列表。

（2）重新使用筛选功能，在“境外投资企业”这一列下，选择包含“研发”关键词的企业名称。

（3）为了确定筛选出的企业均是以跨国研发中心形式存在，根据“境外企业名称”这一列，找到这些企业海外公司名称里是否含有“研发中心”“技术研发中心”“研发科技有限公司”“研发中心有限公司”“科技研发设计中心”“研发有限公司”等字样。

（4）再次根据“经营范围”这一列，进一步核实跨国研发企业是否从事研发业务。

进一步分析跨国研发中心的来源省份、投资行业、投资国家、投资模式以及母公司的企业性质，中国企业的跨国研发中心的布局总体呈不平衡状态。

5.1.1 跨国研发中心的母公司主要来源于山东、北京、广东和浙江

从 199 家跨国研发中心所属母公司的地区分布来看，70% 集中在山东省、北京市、广东省和浙江省，占比分别为 23%、19%、17% 和 11%（见表 5－1），

表明这四个省（市）企业的研发国际化水平相对较高，在一定程度上体现了这四个省（市）的政策、资源等外部环境有利于企业的成长，培养了具有代表性的各行业企业。这四个省份企业的跨国研发主要依赖制造业，北京和广州还在信息传输、软件和信息技术服务业表现较好，如山东海尔、北京汽车、浙江奥克斯等。企业研发国际化的地域集中特点从侧面反映了国内各地区企业发展水平的不平衡，进一步体现了各地营商环境和行业发展重点的差异。

表 5 – 1　中国跨国研发中心所属母公司的地区分布

省份	百分比（%）	主要投资领域	代表性企业
山东	23	（电器、纺织、医用器械、化工等）制造业（27 家）	海尔、南山等
北京	19	（汽车、化工）制造业（7 家）	北京汽车、中国化工
		信息传输、软件和信息技术服务业（5 家）	清华同方、北大方正、联想、京东方
广州	17	（电器、汽车等）制造业（7 家）	康佳、TCL、美的、比亚迪
		信息传输、软件和信息技术服务业（5 家）	华为、中兴
浙江	11	（电器等）制造业（13 家）	奥克斯

资料来源：笔者根据《商务部名录》的数据整理绘制。

5.1.2　投资行业呈不断拓宽趋势，但相对集中在制造业领域

中国企业进行跨国研发投资，一半以上分布在四个行业：一是制造业；二是信息传输、软件和信息技术服务业；三是科学研究和技术服务业；四是电力、热力、燃气及水生产和供应业。这四个行业的跨国研发中心占总数近 60%，其中制造业企业跨国研发中心数量最多，达 78 家，主要是汽车和电器制造业，汽车企业的跨国研发集中在对变速器和发动机等汽车制造核心技术上，电器企业的跨国研发主要集中在对多媒体技术的研发。相比之下，信息技术服务业跨国研发中心有 17 家，主要集中在通信和计算机领域，如同方、京东方、华为等，科学研究和技术服务业跨国研发中心有 10 家，主要集中在医药研发、生物技术研发等，

如袁隆平农业高科技股份有限公司，电力、热力、燃气及水生产和供应业跨国研发中心有9家，如国家电网公司等（见表5-2）。

表5-2 中国跨国研发中心所属行业的分布

行业	企业数量（家）	举例
制造业	78	奇瑞、比亚迪、吉利；海尔、海信、长虹、TCL、格兰仕等
信息传输、软件和信息技术服务业	17	中兴、华为、联想、同方、京东方等
科学研究和技术服务业	10	袁隆平农业高科技股份有限公司、南京药石药物研发公司等
电力、热力、燃气及水生产和供应业	9	国家电网、中国石油天然气公司、新疆金风科技公司等

资料来源：笔者根据《商务部名录》的数据整理绘制。

在国际上，跨国公司正趋向于服务业的跨国研发，中国与这一趋势仍有较大差距。以美国吸引到的外资研发来看，2008年制造业公司的研发支出就已经从20世纪90年代的80%以上降至69.6%，而非制造业领域主要是信息技术服务业研发支出所占比重已接近30%，增长了近10个百分点，信息技术服务业成为当前国际上其他发达国家进行研发全球化的主要行业。相较之下，中国跨国公司进行跨国研发的行业结构仍处于初级阶段，信息技术服务业是国民经济发展的基础性、先导性、战略性和支柱性产业，提升信息技术服务业水平是国家发展的战略方向，通过跨国研发投资获取世界领先技术是必经之路，更是未来的重要趋势。

5.1.3 中国跨国研发中心的国别分布呈多元化趋势，但相对偏好于美国

中国跨国研发中心主要分布在北美、欧洲、亚洲、大洋洲等多个地域，如美国、加拿大、英国、印度、澳大利亚等，分布较广。但从图5-2可以看出，有50家跨国研发中心设立在美国，占总数的比例高达25%，并且远远超过其他国家。美国是技术创新大国，在制造业和信息技术等行业均拥有世界一流的人才和知识储备，将跨国研发中心设在美国为企业与世界最前沿技术建立了联结。然

而，仍然还有其他国家也适合建立跨国研发中心。例如，印度在软件行业具有绝对的世界领先优势，加拿大拥有较宽松的知识产权出口管制，并且在信息技术上也占有较大优势，一些亚洲国家如新加坡、日本等也拥有各自的优势。中国企业应以世界眼光来寻求投资东道国，有利于跨国公司全球创新网络的建立以及全球产业链的深度参与。

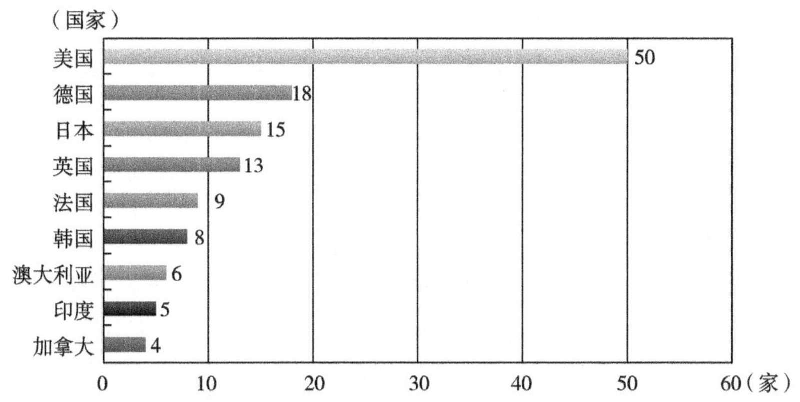

图 5－1　中国跨国研发中心在不同东道国的数量分布

资料来源：笔者根据《商务部名录》的数据整理绘制。

5.1.4　跨国研发中心以绿地投资模式为主，国际技术联盟模式偏少

中国跨国研发中心以绿地投资为主要进入东道国的模式，即由母公司在东道国新建子公司，可以合资新建子公司或者独资新建子公司。在 199 家跨国研发中心中，95% 的企业是通过绿地投资方式建立，而与当地的技术联盟形式只有 5 家，多是一些大型企业，如中国石油天然气集团有限公司在美国与壳牌成立页岩油联合研发中心，中国航空工业集团公司与英国帝国理工学院联合建立 AVIC 结构设计与制造中心、华为技术有限公司在西班牙与沃达丰建立移动联合创新中心 MIC、中兴通讯股份有限公司在德国与累斯顿工业大学设立联合研发中心。

以国际战略联盟形式进行跨国研发是国际上研发全球化趋势，中国与之尚有

差距。私营企业由于资金、技术、人才乃至品牌等各方面因素的限制，绿地投资建设跨国研发中心相对更加可操作，容易控制，但可能不利于快速融入东道国环境。

5.1.5 私营企业是跨国研发的主体，但相比国营企业全球化程度较低

随着改革开放的不断深入，非国营企业的创新活动不断增多，128 家设立跨国研发中心的中国企业里，80% 是非国营企业（见图 5－3），表明非国营企业“走出去”的势头较猛，研发国际化的活力较强。然而，由于融资难度大、企业高层次管理人才缺乏等，非国营企业的国际化能力整体上较弱，一半以上的非国营企业目前只在一个国家设立了研发中心，少数知名企业如华为、海尔等才有多个跨国研发中心。

相较之下，国营企业虽然在总体样本中占比不大（20%），但由于资金雄厚，且是更多高层次人才的聚集地，较私营企业有得天独厚的优势。“走出去”的国营企业均至少有 2 个跨国研发中心，如 TCL（5 个）、康佳（5 个）、海信（5 个）。一些企业的跨国研发中心甚至高达十多个，如中国化工（12 个），国营企业设立的跨国研发中心平均数量明显高于私营企业，研发全球化程度较高。

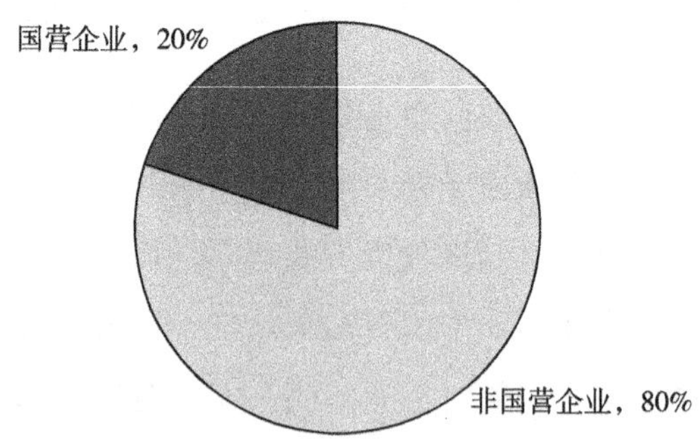

图 5－2 中国跨国研发中心的所有权性质

资料来源：笔者根据《商务部名录》的数据整理绘制。

5.2 实证研究设计

5.2.1 提出假设

5.2.1.1 流动情境与逆向技术流动绩效

虽然在仿真研究中，流动情境只在长期表现出较弱的负向影响，但从结果上仍然体现了流动情境与逆向技术流动绩效的负相关关系。

根据流动情境的定义，情境至少包括客观环境下的语言差异和主观意识形成的文化差异。语言是交流中最能体现社会认同的工具（Glies & Johnson，1981），一个组织中使用不同语言的成员之间往往有所不同（Clement et al.，2003），正如跨国公司通常会选择一种语言如英文作为内部组织交流的官方语言（Piekkari et al.，2014）。Neeley 和 Dumas（2016）对日本跨国公司子公司的研究表明，如果英语作为跨国公司内部组织交流语言，那么以英语为母语的工作人员就更容易认同跨国公司母公司，也更愿意与母公司交流。这体现了拥有同一种语言背景的人群之间更容易实现沟通交流，换言之，交流双方如果存在较大的语言差异，就有可能不利于交流。在逆向技术流动中，如果参与主体之间的交流匮乏，会增加二者之间的技术流动的障碍：如果是隐性知识的流动，由于隐性知识多由员工自身的经验、观点之中，这就需要知识寻求方与之交流获得，语言的不一致则增加了交流的难度，错失获得这些隐性知识的机会；如果是显性知识的流动，即使通过书面形式传递到知识接收者，但由于双方使用的官方语言差异，知识接收者还需要另外翻译这些书面形式的知识，翻译需要时间并且受到翻译水平的限制，这就阻碍了对显性知识的理解和吸收，如此不利于逆向技术流动。

文化差异分国家层面和组织层面，是国际知识转移中遇到问题的主要根源。Kedia 和 Bhagat（1988）认为，知识发送者和知识接收者之间的文化差异是组织间交流的主要障碍。跨国知识流动过程中，双方的国家和组织文化影响流动过程中所有方面（Tiemessen et al.，1997），国家文化影响组织价值观、组织行为和态度（Pauleen, et al.，2007）。文化冲突和对彼此文化的误解减弱了信息和学习的流动（Lyles & Salk，1996）。Schlegelmich 和 Chini（2003）、王清晓和杨忠（2005）提出的概念模型均假设知识流动效果与文化距离之间的负相关关系。

因此，提出假设：

H1a：在初阶段，流动情境的差异越大，初阶段绩效越低；

H1b：在终阶段，流动情境的差异越大，终阶段绩效越低。

5.2.1.2 技术与逆向技术流动绩效

仿真研究结果表明，技术的可表达性和可观察性对逆向技术流动绩效有正向影响，而技术的团队依赖性则产生负向影响。根据 Polanyi（1966）对显性和隐性知识的定义，技术的可表达性和可观察性体现了技术的显性特点，而技术的团队依赖性则体现了技术的隐性特点。因此，对这一研究结果可以理解为，技术越具有显性特点，越容易在主体之间流动，逆向技术流动绩效就越高，这与 Dhanaraj 等（2004）的研究比较一致。

显性知识可以通过手册、样板、设计图以及其他书面形式转移，不需要像转移隐性知识所需要的较高社会化程度，相对更容易学习（Dhanaraj et al.，2004）。此外，还可以通过正式系统的语言、信息知识、计算机项目形式、专利以及图表等多种形式转移显性知识（Perez & Pablos，2003），因此显性知识更容易表达、获取、编码、记录，以及被模仿（Bhatt，2001）。比较而言，隐性知识通常很难用语言表达隐性知识，主要是基于个人经验而存在，通过评价、态度、观点、评论、动机等活动体现，多通过隐喻、绘图以及其他不同的非语言来表达（Kaskinen & Vanharanta，2002）。

中国跨国研发中心在东道国获取技术时，由于在东道国陌生的环境里，所寻求的技术往往是本研发中心无法独立获取的，因此更需要以书面、手册等形式来接收相关的技术知识，方便研发人员反复查看以促进对技术的吸收理解。虽然隐性知识通常对企业更有价值，提供了学习中的线索以及将基础构成整合的机制，但是隐性知识是在非标准化过程中所嵌入的特定知识的转移中产生的，而显性知识嵌入在标准流程中。Rosenberg's（1982）也认为，知识型企业的隐性知识是指技能、方法或设计的相关知识，这些知识能够以某种方式产生作用并能产生一定的效果，但无法用确切的语言说清楚为什么。因此，隐性知识相当于实操性的知识，不容易流动。

终阶段技术流动，由于跨国研发中心通常具备相对母公司更高的技术能力，二者对相同技术知识的理解程度并不相同，因此跨国研发中心向母公司转移技术时，多使用显性形式的知识以利于母公司随时利用。另外，跨国研发中心和国内母公司存在地理位置上的障碍，显性知识如电子版的指南、手册、设计图的转移，相对更节约成本和高效。

因此，提出假设：

H2a：在初阶段，技术的显性程度越高，初阶段绩效越高；

H2b：在终阶段，技术的显性程度越高，终阶段绩效越高。

5.2.1.3 流动渠道与逆向技术流动绩效

仿真研究流动渠道时，将流动渠道分为正式渠道和非正式渠道，得出这两种渠道的使用频率对逆向技术流动绩效均有正向影响。因此，在实证研究中，建立流动渠道的使用频率与逆向技术流动绩效的正向关系假设。

Hasen（1999）认为正式渠道须建立合同，通常以人员为基础。正式渠道的被使用频率越高，则意味着主体间有越多的合同和越多的人才合作机制，如母公司向跨国研发中心外派研发专家（Barry et al.，2004）等，或者进行研发合作（Rosa & Mohnen，2008）、专利许可等合作形式（Agrawa，2006）等。因此对正式渠道的使用频率的多少一定程度上体现了合作形式的丰富程度，这些渠道能够最小化沟通交流中可能产生的模糊（Simonin，1999）。

非正式渠道不需要建立合同，通常以电子设备相关知识为基础，如电子邮件、合作软件、分布式学习等。当主体间使用非正式渠道的频率越高，意味着双方使用邮件沟通或其他电子沟通方式越多。根据 Sztdanski（1996）的观点，当主体之间缺乏沟通交流时会对技术转移效果产生消极影响。换言之，主体间沟通次数增加，有助于充分获取信息和理解知识。

流动渠道的多样性，使参与主体在使用渠道时产生对其中某种渠道的偏好（Zhang，2008），从而增加对该渠道的使用频率。换句话说，渠道的使用频率越高，反映主体对该渠道有越高的偏好，体现出该渠道越有利于逆向技术流动绩效。当渠道的整体使用频率较高时，表明至少有某几种渠道被参与主体频繁使用，或者所有渠道都被高频使用。不管是哪种可能性，均能体现出主体间流动渠道的使用频率越高，发生的逆向技术流动可能性越大。

因此，提出假设：

H3a：在初阶段，流动渠道的被使用频率越高，初阶段的绩效越高；

H3b：在终阶段，流动渠道的被使用频率越高，终阶段的绩效越高。

5.2.1.4 动力与逆向技术流动绩效

通过对仿真模型的敏感性分析发现，动力明显对逆向技术流动绩效有正向促进作用。参与主体之间是否会进行逆向技术流动，需要有持续不断的动力驱使。动力包含技术发送动力和技术接收动力，在初阶段的技术发送动力指技术提供方向跨国研发中心发送技术的动力，技术接收动力指跨国研发中心获取技术的动力。在终阶段的技术发送动力则指跨国研发中心向国内母公司分享技术的动力，技术接收动力指国内母公司获取来自跨国研发中心技术的动力。本书是以跨国研发中心为研究对象，因此重点关注跨国研发中心在初阶段的技术接收动力和在终阶段的技术发送动力。

在初阶段跨国研发中心具有较强的技术发送动力时，会更加积极主动地与东道国研发机构或企业合作，并对技术发出方发生的技术保持较高的敏感度，从而增加接收技术的可能，提高逆向技术流动绩效。同理，在终阶段，跨国研发中心的技术接收动力也会促进终阶段绩效。

因此，提出假设：

H4a：在初阶段，跨国研发中心技术接收动力越强，初阶段绩效越高；

H4b：在终阶段，跨国研发中心技术发送动力越强，终阶段绩效越高。

5.2.1.5 逆向技术流动初阶段与终阶段

逆向技术流动包括初阶段和终阶段，这两个阶段之间的影响关系需要看其内在的联结。跨国研发中心既作为技术接收方，在初阶段与在东道国的技术发出方交流；也作为技术发出方，在终阶段与母公司即技术的最终接收方交流。而知识代理人二阶段理论认为，知识代理人首先为技术寻求方收集（Gathering）并内化（Internalize）技术，然后用技术寻求方可以理解的语言翻译（Translate）知识，知识寻求方获得并外化（Externalize）知识（Tushman & Katz，1980）。因此，根据知识代理人理论，可以将跨国研发中心看作跨国公司在东道国获取新技术的代理机构。

与知识代理人理论中代理人不同的是，跨国研发中心的代理行为发生在两个完全不同环境的组织之间。在东道国环境下，跨国研发中心对新技术有较好的吸收后，进行终阶段之前需要使用母公司熟悉的语言翻译新技术，这需要同时熟悉东道国文化和母公司文化的国际化人才，依赖书面形式或者相关人员面对面的交流。

因此本书认为，如果跨国研发中心可以直接将接收到的新技术吸收内化并形成新专利或适应母国市场的新产品，母公司则更容易直接以引用新专利或购买新产品的方式实现技术拥有，也就实现了终阶段，这样加速了母公司在此基础上研发新专利或新产品。

因此，提出假设：

H5：逆向技术流动初阶段的绩效越高，终阶段的绩效则越高。

5.2.2 模型构建

目前尚且没有专门机构或平台对中国跨国研发中心的相关情况做统一调研，因此本书通过问卷调查法来获取一手数据。首先设计研究问题和问卷题项，其次向目标企业发放问卷，最后回收问卷并进行筛选形成本研究实证数据。

本书使用结构方程模型构建四因素与逆向技术流动绩效的关系。结构方程模型能有效处理含有潜变量的研究问题，被广泛应用于经济学、心理学等领域研究。目前，常见的估计结构方程的方法主要有两类：一是基于最大似然估计的协方差结构分析方法，即“硬模型”，以 LISREL 方法为代表；二是基于偏最小二乘分析法（Partial Least – Squares Regression，PLS），即“软模型”。

PLS 是一种多因变量对多自变量的回归建模方法。PLS 方法相较于普通多元回归方法，可以解决自变量之间的多重相关性。当自变量可能存在较高程度的相关性时，使用这种方法能有相对更加可靠的结论。其中的原理是：PLS 分解和筛选系统中的数据信息，然后提取出对因变量解释性最强的综合变量，辨识系统中的信息和噪声，这样就克服了变量多重相关性在系统建模中的不良作用。另外，如果使用传统的多元回归，可能受到样本数量的限制，一般地，样本数量必须是变量个数的2倍以上，但对于一些研究可能限于研究经费或客观现实，样本量很难达到普通多元回归的要求，这时候使用PLS方法是较好的选择。

因此，本书采用PLS方法进行模型估计。PLS是集多元线性回归分析、典型相关分析和主成分分析的基本功能为一体，将建模预测类型的数据分析方法与非模型式的数据认识性分析方法有机地结合起来。

有鉴于此，构建中国跨国研发中心逆向技术流动绩效影响因素的PLS－SEM模型如图5－3所示。

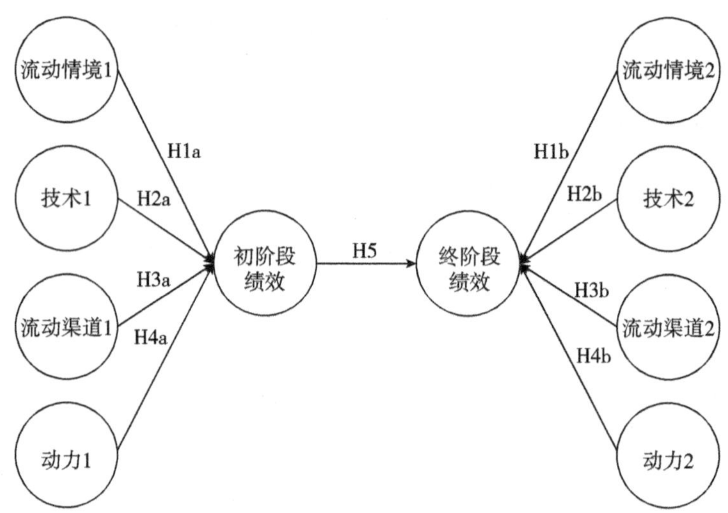

图5－3 逆向技术流动绩效影响因素的PLS－SEM模型与假设

资料来源：笔者绘制。

5.2.3 变量测量

5.2.3.1 指标的一般分类

管理学中，有两种测量指标来反映理论构念，即形成型指标（Formative Indicator）和反映型指标（Reflective Indicator）。通常情况下，究竟使用哪一种指标，主要的依据是跟进理论构念与测量指标的内在逻辑关系。反映型指标是构念的外在表现，删除其中某个单一指标不会影响构念的关键内涵；形成型指标是构念的直接组成，每一个指标对于构念来说都缺一不可。基于已有研究，郭晟豪和萧鸣政（2017）对形成型指标和反映型指标的特点做了比较和区分。本书结合Covin 和 Slevin（1989）的研究，制成表 5－3，反映这两种指标在本质上的不同：形成型指标重在指标之间互补构成构念，指标间的重叠应最小化；而反映型指标的重点在于指标是构念的一组相近表现，指标间重叠应该最大化。

表 5－3　形成型指标和反映型指标的区别

理论标准	形成型指标	反映型指标
构念本质	指标组合构成潜构念	构念独立存在于测量指标
构念与指标的关系	指标反映构念的内涵，构念变化不会引起指标变化，但指标变化会引起构念的变化	构念的变化将引起指标变化，但指标的变化不会引起构念的变化
指标关系	各指标来源理论不同，指标之间不必共变，可以相互独立	指标来自相同理论，彼此共变
指标特点	指标之间不必相似或相近，可以不为一个共同主题，减少某个指标影响构念的内涵	指标必须相似或相近，必须为同一个主题，减少某个指标并不影响构念的内涵
实证标准	**形成型指标**	**反映型指标**
题项相关性	题项间不一定相关，无信度评价标准	题项间高度相关，用内部一致性、项目信度、聚合效度、区别效度等来评价信度
题项与构念的因果变量关系	题项和构念具有不同的因果变量	题项和构念具有相同的因果变量
测量误差	测量误差在构念层，单独估计模型时，无法识别题项误差	测量误差在指标层，可用因子分析法来识别题项误差
基本图示	形成型模型 ← X_1, X_2, X_3；ξ_1 → 形成型模型	反映型模型 → Y_1, Y_2, Y_3；ε_1 → Y_1，ε_2 → Y_2，ε_3 → Y_3

资料来源：①郭晟豪，萧鸣政. 地方治理量化同济与实践：形成型指标而非反映型指标［J］. 华中科技大学学报，2017，31（4）：96－102.

②Covin J. G.，Slevin D. P. Strategic Management of Small Firms in Hostile and Benign Environments［J］. Strategic Management Journal，1989，10（1）：75－87.

本书所构建的PLS路径模型使用反映型指标来测量。根据第3章对这些变量的理论解释，因变量和解释变量都是潜变量，且删除一个测量指标并不影响潜变量构念的内容，所有潜变量的测量指标均是该潜变量的外在体现。因此，本书的各变量使用反映型指标测量。

5.2.3.2 指标测量

对指标的测量主要依据国内外学者在该领域研究中提出的量表，并根据研究内容和中国企业的实际情况进行适当修改。形成初步问卷后，通过访问华为渥太华研发中心两位高管人员以及该领域的学者、专家等，对问卷中的题项内容、题项选择、问卷格式、问题易懂性、术语准确性、题意清晰度等方面进行评价，进一步修改问卷，最终形成调研问卷。

（1）被解释变量。被解释变量是逆向技术流动绩效分为初阶段绩效和终阶段绩效，即需要分别以跨国研发中心和母公司的相关指标来测量。本书通过主观题问答方式和客观数量统计方式来衡量。

主观题问答主要是为了确定跨国研发中心是否实现了逆向技术流动，以此对回收的问卷进行筛选以及对整体情况的把握。Rabbiosi 和 Santangelo（2013）在考察母公司获得逆向技术转移的影响因素时，以41家意大利跨国公司分布在各地的共84家子公司为研究对象，衡量子公司到母公司的技术流动，首先区别出母公司使用的子公司技术是否与研发、制造业、流程、营销、销售、物流、分销、采购、质量控制、人力资源管理或者一般管理的技术相关。如果都和这些无关，则表明母子公司之间不存在逆向技术流动。若存在这些技术的流动，继续评价母公司创新能力在新产品开发方面、新技术开发等方面，多大程度上受到以上维度技术的影响，问卷使用李克特7级量表。

客观数量统计方式的测量结果将纳入计量模型。初阶段绩效测量时，考虑到跨国研发中心在东道国境内，所有的创新活动很难不受到东道国的影响，甚至有一些直接通过吸收东道国相关技术而开发形成，跨国研发中心的技术创新能力可以体现其在东道国的技术获取能力。因此，直接使用新产品和专利数作为测量指标：①到目前为止，本公司的新产品授权数量；②到目前为止，本公司的专利授权数量（包含国际专利）。

终阶段绩效测量时，由于母公司通常在设立跨国研发中心之前已有一定的技术能力积累，直接测量其开发的新产品或专利可能无法识别衡量母公司受益于跨国研发中心或东道国的部分。近些年越来越多的经济商业研究开始基于专利引用的分析（Hall & Jaffe，2001），为本书提供了思路。借鉴 Duguet 和 MacGarvie（2005）使用专利引用来表示技术流动的做法，测量终阶段绩效时，主要测量其中引用了跨国研发中心或东道国专利而所开发新产品或专利中，也有两题：①到目前为止，中国总部被授权的新产品中，其中使用了本公司以及东道国专利的新产品数量；②到目前为止，中国总部被授权的专利（包含国际专利）中，其中引用了本公司以及东道国专利的专利数量。

（2）解释变量。流动情境包含语言差异和文化差异。该题项则直接用李克特 7 级量表表示语言和文化差异程度，1～7 表示差异性越来越大。

流动渠道包含正式渠道和非正式渠道。问卷中要求答题者根据获取的技术来源，对正式渠道和非正式渠道的使用频率做评价，1～7 表示完全不使用到非常频繁使用。正式渠道也主要有两种：一是技术的团队任务；二是技术人员（如工程师、研究员）短期交换。非正式渠道也主要有两种：一是电子沟通工具如论坛、新闻、电子邮件、即时信息；二是文件的交换（指南、手册、蓝图、数据库等）。

技术这一变量，本书主要是对它的显性程度进行考察，分别从技术的可观察性、可表达性和团队依赖性来衡量。答题者需要对相应问题做出认同度的选择，1～7 表示完全不同意到完全同意。技术可观察性通过 5 个问题来测量：①通过学习对方员工的工作就能制造出产品。②通过参观对方实验室就能制造产品。③通过检查制造器件就能制造产品。④通过仔细拆分产品和检查产品就能制造产品。⑤通过使用产品从而很容易模仿制造出来。技术可表达性通过两个问题来测量：①新研发人员通过全套指南就能学习技术。②新研发人员与经验者交流就能学习技术。技术团队依赖性通过两个问题来测量：①研发这些技术所需的机器设备都在本公司。②研发这些技术，需要本公司的研发人员面对面交流。

动力指技术接收动力和技术发送动力，答题者需要回答跨国研发中心技术接收动力和技术发送动力的强弱程度，1～7 表示从最弱到最强。本书分别设计两个问题来测量。在初阶段的动力：①感知到的东道国向跨国研发中心发送技术的动力，②跨国研发中心接收来自东道国技术的动力；在终阶段的动力：①跨国研发中心向母公司分享技术的动力，②感知到的母公司接收技术的动力。

（3）其他描述性变量。问卷中也设置了一些描述性变量，如跨国研发中心所在区域（北美、欧洲、亚洲或其他）、跨国研发中心的规模、母子公司之间的关系问题等。其中，对母子公司之间关系的测量，通过考察跨国研发中心的自治程度来测量，即在以下四个方面的决策是否：①由母公司独自决定。②由母公司决定但考虑贵公司意见。③由贵公司决定，但考虑母公司建议。④由贵公司独自决策。⑤母公司和贵公司有相同的决策影响力。这四个方面分别是：①研发项目、计划以及资源等方面的决定。②引进新技术方面的决定。③产品/服务变革方面的决定。④雇用和解雇员工方面的决定。

本书将所选取的变量和测量指标总结如表 5 - 4 所示。需要说明的是，本书存在二阶潜变量，如果将该二阶潜变量删除，直接使用显变量来测量一阶潜变量，则无法全面体现一阶潜变量，因此本书选择保留二阶潜变量。但通过一定途径将之变成可以直接测量一阶潜变量的显变量，如此达到降阶效果，具体操作在第 6 章介绍。

表 5 - 4　解释变量的内容和测量

变量	测量题项	对应代码	量表来源
流动情境：流动情境的差异	语言差异	E1	苏敬勤和张琳琳（2016）
	文化差异	E2	
技术：技术的显性程度	新的研发人员只要与有经验的研发人员交流，就能获得相关知识	T1	Håkanson 和 Nobe（2000）
	通过观察学习本公司员工的工作，就能获得相关知识	T2	
	通过参观本公司的实验室，就能获得相关知识	T3	
	通过拆分和仔细检查本公司生产的产品，就能获得相关知识	T4	
	通过使用本公司生产的产品，就能获得相关知识	T5	
	研发相关技术所需的机器设备都在本公司	T6	
	研发相关技术，不需要本公司的研发人员面对面交流	T7	

续表

变量	测量题项	对应代码	量表来源
流动渠道：流动渠道的使用频率	双方知识人员共同参与团队任务	C1	Ambos 和 Ambos（2009）；Haas 和 Hansen（2005）；Pedersen 等（2003）
	双方知识人员（如工程师、研究员）短期交换形式	C2	
	电子沟通（如论坛、新闻、电子邮件、即时信息）	C3	
	交换使用对方知识相关文件（如指南、手册、蓝图、数据库等）	C4	
动力：逆向技术流动动力	技术发送动力	M1	Stenmark（2001）等
	技术接收动力	M2	

资料来源：笔者整理。

5.2.4 样本选择和数据收集

5.2.4.1 样本选择

考虑到数据的可获取性和问卷发放的可操作性，本书调研的跨国研发中心主要分布在北美和欧洲，这些跨国研发中心的母公司集中在北京、广东和山东，涵盖通信、生物医药、化工等行业。为保证问卷数据的真实性和有效性，所有问卷由跨国研发中心中高层管理者、母公司外派人员、项目负责人、研发负责人或者知识骨干等来填写。

5.2.4.2 问卷设计

Churchill（1979）认为一个规范的量表开发必须经由以下步骤：①概念范畴与相关内涵的探讨，即对所需开发量表所涉及的核心概念进行界定，并以此为基础来发展需要测量的题项；②构建并确定测量的题项；③资料收集和删除那些不符合统计标准的题项；④量表构建和题项确认；⑤信度与效度检验。严格遵循 Churchill（1979）的研究规范，形成研究可用的问卷（见附录一）。

问卷的设计，一方面要确保概念测量的信度和效度，另一方面要开发出能反映跨国研发中心逆向技术流动绩效影响因素的概念范畴。因此，本书在相关概念操作化的过程中兼顾已有研究文献，设计调研问卷。形成初步的问卷后，受益于公派留学的机会，在加拿大访问华为渥太华研发中心人力主管孙主任以及工程部门主管严先生，同时，获得该领域的专家学者等对问卷的测量内容、题项选择、问卷格式、问题易懂性、术语准确性、题意清晰度等方面的评价。通过上述步骤，确定哪些题项应该增减或调整，进一步修改问卷，完成了第一阶段调查问卷的编制工作，形成预调研问卷。

另外，由于本书的调研对象是中国企业的跨国研发中心，跨国研发中心大多数以国际语言英语作为交流语言，有必要设计相应的英文问卷。在本书写作初期，笔者正在加拿大访学，这为英文问卷的设计和合理化提供了不可多得的便利条件。通过请教当地人以及国外导师、同学等完成了中文问卷的翻译形成了英文问卷，并事先在班集体发放（除两位中国学生外，其余八位均来自以英语为母语的国家），力求英文表述相对准确、易懂、不产生歧义，最后形成了英文问卷（见附录二）。

5.2.4.3　问卷发放与数据回收

跨国研发中心在全球范围内分布较广，难以确定样本界限，因此，本书主要依靠滚雪球式抽样完成样本收集。

为了获取更多的样本数据，本书还尝试其他途径进行搜集：一是网络资源。网络搜索、整理企业名录并联系，根据《商务部名录》提供的企业信息进入母公司的网站，获得其在海外研发投资的详细信息如总部及各跨国研发中心的联系电话、详细地址、联系人姓名、邮箱等，然后向跨国研发中心拨打电话以及发送电子邮件及中、英文版问卷。或者在各大国内外社交平台如 Facebook、Insgram、新浪微博均发布了问卷链接。二是现实机构。笔者于 2016 年 9 月至 2017 年 2 月在加拿大渥太华卡尔顿大学访学期间，前往加拿大渥太华的卡塔纳创新中心（“北美小硅谷”）走访了华为渥太华研发中心和中兴渥太华研发中心，获得调研数据，并拜访中国驻加拿大大使馆（经济参赞）、渥太华投资署、渥太华华人商会、多伦多华人商会、蒙特利尔华人商会以及当地举办的科技企业展会等获取渠道联系当地的中国研发企业。

本书研究的问题关系到企业的战略层面和专利数据，为了消除答卷者的顾虑心理，从而获取真实的调研数据，问卷全部采用匿名的方式填答，并且承诺问卷的保密性。研究从 2016 年 9 月开始进行问卷调研，至 2017 年 8 月结束调研，共回收样本 97 份，剔除缺少具体专利数的样本，最后保留 87 份，所调研样本名录见附录三。

5.3 样本数据的描述性分析

近几年，随着经济全球化的浪潮中越来越多的中国跨国公司将目光投向世界其他国家，设立跨国研发中心已然成为中国跨国公司“走出去”获取国外创新资源、提升自主创新能力的重要途径之一。基于对中国跨国研发中心的调查数据，统计相关指标，了解中国跨国研发中心的全球布局情况，使该领域的学者和一些着手设立跨国研发中心的企业对这一现象有一个环境了解。

通过对回收的有效问卷中的指标进行频数统计，对样本进行描述性分析，从整体上把握样本企业的分布情况和被调查者特征。主要是对调研样本的行业分布、区位分布、逆向技术流动的技术类型、跨国研发中心在东道国的主要技术来源和进入模式、年龄、规模等进行统计。

调研样本分布在四个行业，其中制造业和信息传输、软件和信息技术服务业的跨国研发中心居多。在 87 份有效样本中，中国跨国研发中心所在的行业主要有四类：一是信息传输、软件和信息技术服务业（31 家）；二是制造业（35 家）；三是科学研究和技术服务业（14 家）；四是电力、热力、燃气及水生产和供应业（7 家）。通过第 5 章对商务部公开的中国跨国研发中心统计结果可知，中国企业设立跨国研发中心最早是在制造业兴起，并且多数跨国研发中心仍集中在制造业，因此本次问卷调查的样本符合事实情况。另外，调研样本还有与制造业跨国研发中心占相同比例的行业，即信息传输、软件和信息技术服务业，这是由于问卷调研样本基数较小，但在一定程度上也反映了该行业的企业在世界其他国家兴起设立跨国研发中心的良好势头。而且相比制造业，信息传输、软件和信息技术服务业的技术更不容易有本土化的要求，任何一项领先技术在任何国家都能有相应的需求或者能引领需求。因此，当这一行业的跨国研发中心在东道国获得先进技术，更容易与母公司分享，即发生逆向技术流动。

调研样本主要来源于北美和欧洲。北美和欧洲这两个地域的中国跨国研发中心占80%，分别达46家和24家，另外有12家跨国研发中心坐落于中国以外的其他亚洲国家如韩国、新加坡等地，其他区域如非洲地区的跨国研发中心有5家。这符合事实情况，北美和欧洲作为发达区域，拥有较其他地方更先进的技术、制度和人才，仍然是吸引中国企业设立跨国研发中心的主要区域。

调研样本在东道国寻求的技术以产品研发技术为主。通过统计数据发现，90%的跨国研发中心在东道国获得产品研发技术，这充分说明了中国企业在海外建立研发中心是以获取领先的产品研发技术为主要目的。同时，也有90%的企业向国内母公司转移产品研发技术，这更反映了跨国公司的逆向技术寻求动机，通过跨国研发中心完成在东道国的技术寻求，然后与国内母公司分享，跨国研发中心担任国内母公司在全球范围内的技术寻求。

调研样本中，跨国研发中心的合作对象以东道国当地的高校为主。在87家调研样本中，有67家跨国研发中心表示高校是其主要的技术来源，11家企业表示科研机构是其主要的技术来源，另外有8家企业认为其他科技企业是其技术来源，技术主要来源于发明者个人的跨国研发中心只有一家。高校作为人才集聚地，备受企业的青睐，不少学者对高校—产业之间知识转移（如Fernández - Esquinas et al.，2016；Azagra - Caro et al.，2017）或研究合作（Canhoto et al.，2016；Rajalo & Vadi，2017）的研究也表明高校是重要的技术来源，科技企业也不能忽视。例如中国华为技术有限公司英国研发中心设立在剑桥和牛津地区，主要为了依傍剑桥大学和牛津大学；渥太华研发中心于2009年成立，设立在素有“北美小硅谷”之称的卡纳塔，成立之初便锁定加拿大排名前15名的高校，与它们逐步达成合作。此外，研发中心也分别和渥太华大学、多伦多大学、滑铁卢大学等签订了战略研究协议，促进研发中心在通信技术上的探索，实现对高校人才和技术的收揽，也扩大了其在当地的影响力，形成良性循环，其在美国的研发中心则设立在硅谷，都充分说明了高校和科研机构是重要的技术来源。

调研样本在东道国的进入模式以绿地投资为主。在87家样本中，有76%的跨国研发中心选择绿地投资模式进入东道国，采用这类模式的企业通常有较强的技术能力和资金实力。绿地投资模式能够保证企业对跨国研发中心的控制力，确

保跨国研发中心在东道国技术寻求目标的实现，便于追踪行业领先技术和察觉全球范围内竞争对手的研发动向，同时也可以有效降低技术外溢。中兴通讯在美国、韩国、瑞典和印度等多地建立研发中心；华为在美国硅谷和达拉斯、印度班加罗尔、瑞典斯德哥尔摩、俄罗斯莫斯科等地建立了多家跨国研发中心。

调研样本中，跨国研发中心主要集中在 2011 年前后设立。剔除了其中最早设立（1992 年）和最晚设立（2014 年）的跨国研发中心，87 家跨国研发中心的设立平均时间是 6 年（以调研结束的时间即 2017 年为截止年份）。企业年龄的大小不仅由企业自身的成长发展史决定，也可能由与中国对境外投资相关的大环境相关。一般而言，如果调研的企业年龄过小，就很难保证企业在东道国的技术寻求活动已经体现为创新绩效，也更难以确保终阶段技术流动是否已经发生。因此，本书所调研样本企业成立时间平均为 6 年，为企业获得技术并转化为绩效提供了时间保证。

从调研样本的规模来看，在 87 家跨国研发中心中，只有 43 家企业回答了该题项，剔除最高值（2000 人）和最低值（3 人），统计其余有效样本，跨国研发中心的平均员工人数是 15 人。

问卷调研基本符合中国跨国研发中心的总体现状，这为接下来的实证研究提供了数据基础。

6 实证研究的结果分析

6.1 模型估计与检验

6.1.1 模型参数估计

本书在 Smart PLS 软件上来进行路径模型的验证。在进行模型验证之前，还需要处理模型中的二阶潜变量问题。

PLS 路径模型使用一阶潜变量结构模型，而所有潜变量（包括高阶变量）必须有测量模型，即至少要有一个显变量或一项指标来测量潜变量，这就形成了二阶模型。反映型和形成型指标相互组成可以形成四种二阶模型，即反映型—反映型、反映型—形成型、形成型—反映型和形成型—形成型。要将这种二阶模型降阶，最常用的方法是指标再利用方（Wold，1982；Lohmöller，1989），即高阶因子使用所有低阶因子的指标作为自身指标（Lohmöller，1989）。

由于本书的 PLS 路径模型既有二阶潜变量也有一阶潜变量，为了简化模型方便研究，本书将模型降阶变成一阶模型再进行研究。原先的二阶潜变量采用二阶段法来进行降阶：第一阶段，利用“指标再利用方法”，运行 Smart PLS，得到一阶因子的潜变量分数。第二阶段，将一阶因子的潜变量分数作为高阶变量的指标，重新运行 Smart PLS。这样，二阶潜变量就统一变成由 Smart PLS 计算得出的新的显变量来测量，从而降成一阶潜变量，构建一阶潜变量结构模型。

PLS 路径模型参数的估计是通过偏最小二乘法估计得出。主要有两步：第一步，运用反复迭代方法估计潜变量；第二步，运用普通最小二乘法进行线性回归，通过这两步得到结构模型和测量模型的参数估计值。值得说明的是，通过偏最小二乘法估计得到的结构方程模型和运用一般协方差结构分析估计得到的结构方程模型相比，偏最小二乘法使测量方程和结构方程的误差降到最小。具体估计步骤如下（将潜变量记作“ξ_j”）。

对潜变量 ξ_j 的估计可以从两方面着手：一方面作为潜变量 ξ_j 的外部估计，潜变量 ξ_j 由第 j 组观测变量 X_j 的线性组合来估计，记为 Y_j：

$$Y_j \propto X_j W_j \tag{6-1}$$

其中，$W_j = \{w_{j1}, w_{j2}, \cdots, w_{jh}, \cdots, w_{jk}\}$ 为外部权重向量。符号“$\propto$”表示对计算结果进行标准化处理。

另一方面为潜变量 ξ_j 的内部估计：如果 Y_i（$i \neq j$）是与 ξ_j 直接相关量的潜变量 ξ_i 的外部估计值，可以利用 Y_i 来估计潜变量 ξ_j，得到内部估计值，记为 Z_j：

$$Z_j \propto e_{ji} Y_i \tag{6-2}$$

式（6－2）中，符号“$\propto$”表示对数据的“压缩”处理，得到 Z_j 的方差为 1，e_{ji} 为内部权重，是 Y_j 和与其相连的各 Y_i 相关系数的符号函数值：

$$e_{ij} = \text{sign}(\text{cor}(Y_j, Y_i)) \tag{6-3}$$

式（6－1）中的外部权重 w_{jh} 可以通过两种方法计算得出，一是采用反映型指标的计算方法选择模式：

$$w_{jh} = \text{cor}(x_{jh}, Z_j) \tag{6-4a}$$

二是采用构成型指标的计算方法：

$$W_j = (X_j' X_j) - 1 X_j' Z_j \tag{6-4b}$$

根据上述公式，可以逐步进行 PLS 路径分析的迭代算法：首先初始化外部权重向量 W_j，令 W_j =（1，0，⋯，0），通过式（6－1），得到 Y_j 的估计值；然后由式（6－2）计算得出 Z_j 的估计值，再通过式（6－4a）或者（6－4b）以及 Z_j 的估计值，计算出新的权重向量 W_j；根据新的 W_j，再通过式（6－3）又得到新的 Y_j。若迭代收敛，则停止迭代，否则转到第二步继续迭代，以最终得到 Y_j 作为对潜变量的估计值。最后得到潜变量估计值后，运用普通最小二乘法的显性回归法，来估计测量模型中的各系数。

6.1.2 测量模型检验

检验测量模型是为了分析变量的信度和效度。信度是指检测的可靠程度，反映了检测过程受到随机误差影响的指标，测量结果仍表现出一贯性、一致性、再现性和稳定性。信度测量是效度测量的基础，只有信度被接受时，才可以使用量表的数据分析。效度是用来分析量表中的问项能否较好地测量指标变量。

6.1.2.1 信度检验

常用的信度检验可以用 Cronbach's α 系数、折半信度和复本信度系数等来进行，其中 Cronbach's α 系数是目前最广泛使用的信度指标。本书的 6 个潜变量的 Cronbach's α 系数值中，有 4 个变量超过 0.6，这表示测量的内部一致性和信度均可以接受，另外有两个变量低于 0.6，但这并不能直接表明该指标测量不具备一致性，主要是因为 Cronbach's α 系数表示信度检验仍有一定的局限性。Cronbach's α 的大小直接受到题目数量多少、题目间相关、受试者特质变异大小及题项难度等影响。Green 等（1977）表明如果题项增加，Cronbach's α 系数值通常会随之增大；反之，Cronbach's α 系数会随之减小，多于 20 个题项的量表，该系数很容易升至 0.90 以上，而当量表数量只有 4 个及以下时，该系数值可能会低于 0.60 或 0.50。另外，Taylor 和 Campbell（1922）认为受试者的特质越同质，检测总的变异量越小，则估计的 Cronbach's α 系数值也会越小。

为了更加精确地检验指标测量的信度，本书使用组合信度值（Composite Reliability，CR）来检验信度，从而有效避免了使用 Cronbach's α 系数时要求潜在变量对各题项影响相等的不符实际的假设。CR 评估了一个潜变量所属的各个观察变量之间的内在一致性，信度高表示指标之间高度互为关联，即指标间是一致的。目前采用较多的一个判断标准是：CR 值为 0.9 以上是优秀，0.8 是非常好，0.7 则是适中，0.5 以上可以接受；低于 0.5 表示至少有一半的观察变量来自于随机误差，它的信度不应被接受（Kline，1998）。黄芳铭（2005）认为潜在变量的 CR 值采用 0.6 作为低标较为恰当。对比本书得出的 CR 值，全部在 0.5 以上，并且其中 4 个潜变量 CR 值超过了 0.7，表明本书所选取的指标测量工具的可信度。

在高信度之外，还应保证指标和潜变量之间有足够的线性等价关系，这就需要所有因子负荷λ的绝对值>0.5。经 Smart PLS 3.0 计算，本研究中各显变量对潜变量的因子负荷绝对值均大于0.5（见表6-1），表示观测指标和潜变量之间有足够线性等价关系，满足偏最小二乘法的单一维度条件。

6.1.2.2　效度检验

效度检验包括对聚合效度和区别效度这两种效度的检验。聚合效度表示问项与所对应的指标间的相关程度，聚合效度主要通过平均提取方差（Average Variance Exracted，AVE）的值来判断，一般而言，潜变量信度接受的经验值是 AVE 值应该大于0.5（Bagozzi & Yi，1988），这表明一个潜变量能解释其所反映的观测变量方差总和的50%以上。如表6-1所示，所有变量的 AVE 值均大于0.5，表示潜变量信度可以接受。

表6-1　模型的组合信度值（CR）、因子负荷（λ）、聚合效度（AVE）

潜变量	显变量	CR	λ	AVE
流动情境1	E11	0.71	0.788	0.57
	E12		0.980	
流动情境2	E21	0.71	0.870	0.68
	E22		0.784	
技术1	T11	0.50	0.832	0.60
	T12		0.851	
	T13		0.782	
	T14		0.781	
	T15		0.825	
	T16		0.908	
	T17		-0.542	
	T18		-0.616	

续表

潜变量	显变量	CR	λ	AVE
技术2	T21	0.52	0.802	0.70
	T22		0.670	
	T23		0.859	
	T24		0.705	
	T25		0.526	
	T26		0.537	
	T27		-0.633	
	T28		-0.690	
流动渠道1	C11	0.85	0.728	0.74
	C12		0.765	
	C13		0.876	
	C14		0.718	
流动渠道2	C21	0.97	0.777	0.94
	C22		0.691	
	C23		0.692	
	C24		0.559	
动力1	M11	0.96	0.891	0.65
	M12		0.941	
动力2	M21	0.96	0.950	0.75
	M22		0.948	

注：显变量代码后的第一个数字表示阶段，“1”表示初阶段，“2”表示终阶段，第二个数字指代相应的指标，例如E11和E21分别表示初阶段和终阶段的语言差异。

区别效度是用来检验问项与所对应指标的相关度，是否高于该问项与其他变量的相关度，这可以通过比较各变量AVE值的平方根与变量之间的相关系数来检验（见表6-2），通过检验的原则是：当AVE的平方根大于与其他潜变量的相关系数时，这个潜变量所反映的观测变量组与其他潜变量所反映的观测变量组具有较好的区分效度。从表6-2可以看出，各变量的AVE值的平方根（对角线的值）大于变量之间的相关系数，量表的区别效度较好。

表 6 -2 模型区别效度（各变量 AVE 平方根值与潜变量间的相关系数）

	流动情境 1	流动情境 2	技术 1	技术 2	流动渠道 1	流动渠道 2	动力 1	动力 2
流动情境 1	0.75							
流动情境 2	0.11	0.82						
技术 1	-0.33	0.29	0.77					
技术 2	-0.10	0.23	0.70	0.84				
流动渠道 1	-0.18	0.15	0.34	0.36	0.86			
流动渠道 2	-0.13	0.22	0.57	0.54	0.61	0.89		
动力 1	-0.12	0.20	0.45	0.35	0.15	0.18	0.95	
动力 2	-0.15	0.21	0.36	0.25	0.20	0.10	0.86	0.98

注：对角线是 AVE 平方根值，对角线以下是相关系数。

6.1.3 结构模型检验

结构模型的检验即检验假设是否被接受，这主要利用路径系数和显著性水平这两个指标来检验。路径系数的求解，在 Smart PLS 中选择 PLS Algorithm 方法来计算。显著性水平的计算，Smart PLS 3.0 是以 Bootstap 方法进行了 500 次抽样检验模型路径的显著性水平（显著水平是 0.05），若 t 的绝对值大于 $t_{0.05}$（n-1），表示在 0.05 显著性水平上是显著的，即路径系数在统计学上显著，模型检验结果如表 6-3 和图 6-1 所示。

表 6-3 假设检验的结果汇总

假设	关系	路径系数	t 值	结果	被解释方差水平
H1a	流动情境 1→初阶段绩效	-0.159	2.45	接受	$R^2=0.394$
H2a	技术 1→初阶段绩效	0.041	2.79	接受	
H3a	流动渠道 1→初阶段绩效	0.548	4.16	接受	
H4a	动力 1→初阶段绩效	0.103	7.96	接受	
H1b	流动情境 2→终阶段绩效	-0.040	0.35	拒绝	$R^2=0.447$
H2b	技术 2→终阶段绩效	0.197	2.98	接受	
H3b	流动渠道 2→终阶段绩效	0.311	1.98	接受	
H4b	动力 2→终阶段绩效	0.027	8.15	接受	
H5	初阶段绩效→终阶段绩效	0.307	2.79	接受	

注：显著性水平为 $P<0.05$，样本量 $n=87$

初阶段绩效和终阶段绩效的被解释方差水平 R^2 分别为0.394和0.447（见图6-1）。根据Hair等（2011）提出的模型评估标准，初阶段绩效和终阶段绩效的被解释方差 R^2 大于0.20，表明PLS路径模型下的初阶段绩效和终阶段绩效的被解释程度较好。

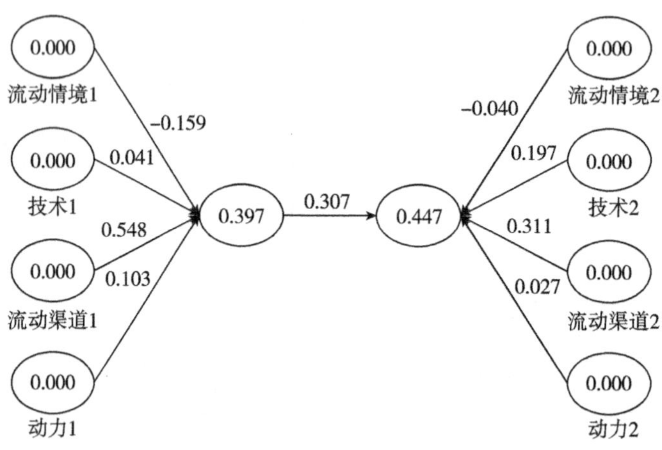

图6-1 逆向技术流动绩效影响因素的PLS-SEM模型检验结果

对研究假设的验证，技术、流动渠道和动力对逆向技术流动二阶段绩效均呈显著的正向影响，接受H2a、H2b、H3a、H3b、H4a和H4b，流动情境对逆向技术流动初阶段绩效有显著的负向影响，接受H1a，但对终阶段绩效的负向影响并不显著，拒绝H1b，初阶段绩效对终阶段绩效有显著的正向影响，接受H5。

6.2 结果分析

6.2.1 四因素对逆向技术流动绩效的影响

6.2.1.1 流动情境对逆向技术流动绩效的影响

不少学者在研究流动情境时，默认研究文化维度，如Florian（2007）、徐笑君（2010）、于海云（2012）等。并且也不乏一些只给出理论关系推演而尚未进行实证检验的研究，Schlegelmich 和 Chini（2003）、王清晓和杨忠（2005）提出的概念模型均假设技术流动效果与文化距离之间的负相关关系，但尚未进行实证研究。本书首先厘清“情境”的概念，从概念出发，拓展了流动情境的观测维度，除文化维度外，还观测了语言维度，考察文化和语言差异对逆向技术流动绩效的影响。

流动情境对初阶段绩效的影响路径系数为 -0.159（t=2.45），但对终阶段的影响路径系数并不显著（t=0.35），接受 H1a，但拒绝 H1b，部分检验了仿真研究结果。由于中国跨国研发中心多数分布在发达国家，这些国家与中国有完全不同的语言和文化，相对于在发达国家之间设立跨国研发中心的情况，中国企业与发达东道国之间的语言和文化差异相对更大，这不利于跨国研发中心在技术合作过程中的交流或者对技术相关文件的理解，阻碍了逆向技术流动。而在终阶段，跨国研发中心向国内母公司的技术流动，虽然随着跨国研发中心在东道国建立随着时间的推移，跨国研发中心会逐渐与东道国文化融合，而与国内母公司产生一定的差异。但由于母子公司之间的从属关系，这些差异更容易被克服，因此并不能阻碍逆向技术流动。

Inkpen 和 Dinur（1998）认为，当进行对外直接投资的企业所属母国与其投资所在的东道国之间的文化差异过大且不能被克服时，这种差异就会阻碍知识的跨国转移。言下之意，当文化差异能够被克服时，就并不能对知识转移造成障碍。本书认为，跨国研发中心进行逆向技术流动的主要渠道主要依赖双方之间的合作关系，即通过正式渠道来获得技术。一旦双方之间形成既定的契约关系，已经达成合作模式，各自的文化背景就很难从根本上阻碍跨国研发中心的技术获取行为，但可能会影响对技术的理解，从而影响逆向技术流动绩效，但这种影响相比于流动渠道等其他因素并不起关键作用。

6.2.1.2 技术对逆向技术流动绩效的影响

本书参考 Hakanson 和 Nobel（2000）的研究，分三个方面观测技术的特点，即技术的可观察性、可表达性和团队依赖性。与 Hakanson 和 Nobel 不同的是，在具体操作中，本书从技术的三个特点出发，利用回归技术的总体特征，直接使用通过三维度指标综合测量的技术显性程度，研究技术的显性程度与逆向技术流动绩效的关系。

技术的显性程度对逆向技术流动二阶段绩效的正向影响路径系数分别为 0.041（t=2.76）和 0.197（t=2.98），接受 H2a 和 H2b。当技术越偏向显性，越容易流动，这与仿真结论相吻合。显性程度较高的技术意味着该技术具有较高的可观察性、可表达性以及较低的团队依赖性，这表示跨国研发中心或者国内母公司通过与有经验的研发人员进行交流或观察对方企业员工的工作、参观对方企业的实验室、通过购买含有该技术的产品并对产品进行拆分或检查等方式就能获得相关技术，并且获取该知识不需要某些只有对方企业才有的设备，也不需要相关人员之间的面对面交流。反之，如果技术的显性程度不足，那么就很难通过简单的交流、观察或者使用并拆分产品等形式来获得该技术，这使技术难以被复制，增加了技术流动的成本。

上述结论与 Koskinen 等（2003）对隐性技术的研究结论相一致。Koskinen 等（2003）研究得出隐性知识的分享受到项目工作中人际交流情境的影响，作者认为面对面交流、使用共同语言、相互信任和人们之间的亲近程度会影响隐性知识的获取和分享，这也反映出隐性技术可能受多方面因素的影响，不容易发生流动。Mohammad 和 Saiyd（2012）则更明确地表明，隐性知识具备的特点，使其流动变得困难。

6.2.1.3 流动渠道对逆向技术流动绩效的影响

流动渠道的使用频率对逆向技术流动二阶段绩效的影响路径系数分别是 0.548（t=4.16）和 0.311（t=1.98），接受 H3a 和 H3b。流动渠道分为正式渠道和非正式渠道，实证研究通过降阶法，计算出正式渠道和非正式渠道两种形式共四种渠道的综合使用频率，表征整体流动渠道的使用频率。流动渠道的使用频率对逆向技术流动绩效有显著积极作用。

流动渠道是技术流动发生的前提条件，是主体之间进行知识流动、传递和吸收的通道。既然如此，逆向技术流动发生后，技术主体之间必然存在不同形式的流动渠道。如果主体之间有多种渠道，但对其中某些渠道只是浅尝辄止，即较少频率地使用这些流动渠道，表明这些流动渠道的效果一般。但如果双方频繁使用某一种流动渠道，一定程度上表明该渠道对于技术流动的有效性。张琦（2019）认为，参与主体双方之间的高频接触会有利于知识或技术的流动。这是因为技术接收方接收技术后需要消化和吸收技术，这些过程都需要得到技术发出方不同程度的支持，因此双方之间能找到高效的流动渠道并能高频使用该流动渠道，有助于技术尤其是隐性技术的流动乃至最后的吸收，提升了逆向技术流动绩效。这也验证了 Daft 和 Lengel（1983）、Gupta 和 Govindarajan（1991）等的观点，即知识发出方和知识接收方之间交流渠道的密度等影响知识转移。

6.2.1.4 动力对逆向技术流动绩效的影响

动力也是逆向技术流动发生的必要条件。Kumar 等（1996）认为，技术转移是必须在参与主体一方的某种动力下进行的活动，研究主要对技术转移的动力进行分类。郭东妮（2012）也讨论了高校技术转移的动力影响因素。学者对技术转移的动力研究暗含了一个研究假设，即技术转移的实现必须要求参与主体有技术转移的动力。

跨国研发中心的接收动力对初阶段绩效的影响路径系数为 0.103（t = 7.96），跨国研发中心接收技术动力对终阶段绩效的影响路径系数为 0.027（t = 8.15），假设得到验证，这与仿真研究结论相吻合。表明跨国研发中心在逆向技术流动初阶段和终阶段的主观能动性，会促进逆向技术流动绩效。但是该因素相比流动渠道和技术而言，发挥的作用相对较小，在初阶段跨国研发中心的接收技术动力每提高 1%，初阶段绩效仅提高 0.103%，在终阶段相同幅度的动力引起的绩效变化幅度更小。

6.2.2 二阶段的关系分析

6.2.2.1 二阶段绩效的关系

根据对文献综述的梳理可知，学者对跨国公司逆向技术流动的研究边界要么在东道国国家即逆向技术流动初阶段，要么在跨国公司内部即逆向技术流动终阶段。但是，初阶段或终阶段对于跨国研发中心的技术寻求目标来说，是实现逆向技术流动的不同时序行为，并不完整，只有二阶段同时发生，才体现了目标的实现。或者说，初阶段是终阶段的前提，终阶段是初阶段的目的，如此实现完整的逆向技术流动。

上已述及，对于中国跨国研发中心逆向技术流动，终阶段绩效受到技术、流动渠道和动力的影响，这些因素是终阶段已经发生之后在技术流动的过程中受到的影响因素，而终阶段能否发生的前提条件，在于初阶段是否实现。因此，不难理解初阶段对于整个逆向技术流动的决定作用。

初阶段绩效直接影响终阶段的绩效，影响路径系数为0.307（t=2.79），明显高于其他三因素的影响，也就是当研发中心技术量每提高1%时，母公司技术量就提高0.307%，接受H5。跨国研发中心作为跨国公司在海外寻求知识的组织，同时参与逆向技术流动的初阶段和终阶段，对逆向技术流动二阶段起到联通作用。当初阶段获得较高绩效时，根据跨国公司的战略任务，则会对国内母公司的技术提升有所贡献。换言之，母公司技术量的提升，在一定程度上依赖其跨国研发中心的技术寻求效果。

6.2.2.2 二阶段受四因素的影响程度比较

比较二阶段，初阶段相对终阶段对技术的显性程度、流动渠道的使用频率和动力的强度更为敏感。当技术偏向隐性时，跨国研发中心需要花费更高成本从东道国获取。由于跨国研发中心有义务向母公司转移该隐性技术，因此，当跨国研发中心在进行终阶段之前，通常会主动吸收内化该隐性技术，并能够将该隐性技术显性化如形成书面的指南等，从而为母公司和东道国的技术交流建立了联结。所以，对于跨国研发中心而言，当技术越是隐性，上述工作量的难度越大，花费的成本越高，才能使终阶段以显性技术的流动为主，利于母公司的技术接收。但母公司是否能够完全将这部分显性技术转化为绩效，还会受到其他因素的影响。

跨国研发中心为了获取技术，流动渠道是必要条件，但在初阶段选择哪种渠道无法受跨国研发中心单独一方的主观决定，须与可能的技术发出方经过一定时间的磨合、洽谈来建立或形成。对于这种情况下确定的渠道，跨国研发中心会更加注重对渠道的管理和使用，每增加一次渠道的使用，跨国研发中心均希望是有效的。但对于终阶段而言，鉴于跨国研发中心相对于母公司的从属关系，双方在流动渠道的选择上相对更灵活，为分享技术所进行的交流密度不太容易受到时间、经济成本等其他因素的限制。因此，相对于初阶段，终阶段技术流动绩效对流动渠道使用频率的敏感度不如初阶段。

从动力的影响来看，由于初阶段在相对陌生的东道国环境中，面临的困难和挑战相对较多，因此更需要强劲的技术寻求动力，这直接决定了跨国研发中心是否会在东道国展开相关行动和是否保持这种状态。但在终阶段的跨国公司内部，技术分享面临的阻碍相对较少，动力的影响不如初阶段大。

6.2.3 结论

基于对 87 家中国跨国研发中心的调研数据，使用 PLS 路径模型实证研究了流动情境、技术、流动渠道和动力对逆向技术流动初阶段和终阶段绩效的影响，拓展了逆向技术流动影响因素问题的研究视角，也为中国企业进行逆向技术流动实践提供了一定的理论指导。

研究发现：①技术流动情境的差异只在初阶段产生负向影响，对终阶段的影响并不显著，这可能是由于在终阶段母子公司之间的特定关系削弱二者之间的相关关系。该结论与 Inkpen 和 Dinur（1998）的观点并不矛盾，即使存在情境方面的差异，只要参与主体克服，这种差异并不一定产生负向影响。反之，难以克服时则容易产生负向影响，这也是情境差异与初阶段绩效的负向关系是显著的原因。②流动渠道相对其他因素对逆向技术流动的影响最为重要，对流动渠道的使用频率越高，表明二者之间交往越密切，越能提高增加技术流动的可能。③技术的显性程度与逆向技术流动二阶段绩效均呈正相关关系，进一步验证了显性知识更利于技术主体之间的传递和知识接收方对知识的理解。④动力对逆向技术流动二阶段绩效有显著的正向影响，但相对其他因素，正向影响的程度较低。⑤逆向技术流动初阶段是整个过程的关键，相对终阶段对各因素更为敏感。

7 研究结论和政策建议

本书基于知识转移相关理论，将逆向技术流动看作一个过程，并研究该过程中流动情境、技术、流动渠道和动力这四个因素对逆向技术流动绩效的影响。首先，对这些因素对逆向技术流动绩效的影响进行了理论分析，构建了逆向技术流动二阶段四因素（2P－4F）研究框架。其次，基于该研究框架，本书对这四因素的具体影响进行了仿真研究，通过分析逆向技术流动的内在过程，选择系统动力学方法构建逆向技术流动 2P－4F 的过程图，并利用 Vensim PLE 软件构建了相应的仿真模型，通过敏感性分析得到四因素对逆向技术流动绩效影响的一般规律。最后，为了进一步检验敏感性分析结果是否适用于中国跨国研发中心逆向技术流动的一般实践，本书基于对中国跨国研发中心的调研数据，在利用 Smart－PLS 软件构建了 PLS－SEM 路径模型，对中国跨国研发中心进行实证研究。

本章对上述研究得到的结论进行总结，得出四因素的具体影响以及二阶段之间的关系，并提出未来的研究展望，然后根据研究结论提出政策建议。

7.1 研究结论

第一，流动情境对逆向技术流动绩效的负向影响并不绝对，总体上来看相对其他三因素起不到关键作用。

流动情境是逆向技术流动的客观环境，体现出技术发出方和技术接收方在文化、语言等各方面的差异性是不可回避的客观存在。对于流动情境的负向影响，已有不少学者通过理论推演对其持肯定态度，少数学者认为只有当流动情境的差异非常大才会产生负向影响。本书考察了流动情境的文化和语言维度，通过敏感性分析发现流动情境在短期并不明显，而在长期，流动情境的负向影响程度相对其他三因素最弱，这表明流动情境相对其他三因素并不能起关键作用。对中国跨国研发中心的实证研究则表明，流动情境的负向影响只发生在初阶段，而对终阶段的负向影响不显著，这更进一步体现了流动情境的影响不是绝对的。但总体来看，不管通过哪一种方法得出的结论，都表明流动情境对逆向技术流动都起不到关键性影响。

第二，技术的显性程度越大，即可观察性和可表达性越高，团队依赖性越低，就越容易实现逆向技术流动。

技术是以具体载体形式实现流动的，根据技术的显性和隐性特点，技术载体也可以分为显性技术载体和隐性技术载体。显性技术载体以手册、文件等为主，主要包括产品制造流程、软件代码、操作步骤、专利或设计图等，隐性技术载体通常是人。

技术的显性程度越大，即可表达性、可观察性越大，团队依赖性越低，就越容易实现逆向技术流动。反过来，当技术的隐性程度越大，即可表达性和可观察性越低，团队依赖性越大，就越不利于逆向技术流动。因为大部分有价值的技术具有隐性和复杂性的特点（Kogut & Zander，1992）。对照该结论，如何吸引隐性技术是企业需要考虑的重点。

第三，流动渠道尤其是正式流动渠道相对其他三因素对逆向技术流动绩效的长期影响最为关键，使用频率越高，越有利于逆向技术流动。

没有流动渠道，逆向技术流动就无从实现，流动渠道是跨国研发中心和国内母公司获取技术的通道。流动渠道的使用频率越高，越有助于逆向技术流动绩效。技术流动渠道管理理论表明，流动渠道的丰富程度、易用程度和通畅程度决定流动效果。其中易用程度可以通过对该渠道的使用频率来判断，当对该渠道的使用频率越高，就越表明该渠道的易用程度高，因此本书得出的结论也符合技术流动渠道管理理论，且进一步验证和深化了 Stenmark 以及 Ghoshal 和 Bartlett 的结论。

第四，动力的正向影响在短期内相对其他三因素更有助于逆向技术流动的快速实现。

动力包括技术发出动力和技术接收动力，只有具备这样的动力，逆向技术流动才能发生。实证研究检验了动力的正向影响，并且通过敏感性分析可知，短期来看，参与主体的动力具有相对其他三因素更强的驱动作用。

跨国研发中心在东道国进行技术获取时，在相对陌生的环境中，跨国研发中心有所行动是逆向技术流动开始并实现的关键。如果有强烈的动力，会相对更容易融入东道国环境和克服在新环境之初可能面临的问题，也就是说，决定是否获取相对不容易或容易流动的技术，能否克服流动情境差异引起的困难或能否开拓流动渠道，都在一定程度上取决于跨国研发中心是否具备足够的动力去行动。在短期内，如果这种动力足够强烈，后续进展有望相对顺利。随着时间的推移，一旦跨国研发中心在东道国具有相对稳定的合作关系或融入程度较深，动力会渐渐失去了初期的强化剂作用。

第五，逆向技术流动初阶段是整个过程的关键，且初阶段对影响因素的变化更为敏感。

实证研究发现，初阶段绩效直接影响终阶段绩效，且影响程度较大，表明终阶段绩效的高低在一定程度上是由初阶段的绩效决定的。由于逆向技术流动初阶段和终阶段是一个时序性行为，初阶段的实现直接决定终阶段是否能实现。只有初阶段顺利完成后，才可能发生终阶段，且当初阶段有相对较高的绩效时，终阶段才有可能获得更高的绩效。

初阶段相对终阶段更容易受因素的影响。由于终阶段发生在跨国公司内部，跨国研发中心从属于母公司，且终阶段的技术流动本身就符合跨国公司战略，由于母子公司的这种约束，可能会对因各因素变动引起的波动起到一定的抵消作用，而这对于初阶段则不然，因此初阶段相对更敏感。

本书在研究框架的提出、变量选择、方法选择和数据分析等过程中，严格遵循科学的研究范式。但仍然存在一定的不足，这正是未来可以继续研究之处：第一，研究影响因素之间的关系，探究各因素之间可能存在的相互作用，更进一步理解逆向技术流动的内在过程。第二，长期追踪并扩充中国跨国研发中心的调查样本。对一些跨国研发中心实施长期追踪计划，通过一手数据动态研究四因素对逆向技术流动绩效的影响。而且随着未来中国跨国研发中心的增多，也为调研样本的扩充提供了可能性。

7.2 政策建议

根据研究结论，初阶段相对终阶段对逆向技术流动起到更为关键的作用，故从流动情境、技术、流动渠道和动力四个方面，针对跨国研发中心在东道国的技术获取，提出以下几点建议：

一是在战略上藐视流动情境（文化和语言）的差异，在战术上多途径克服由此引起的障碍。根据研究结论，流动情境在长期才有较弱的负向影响，中国跨国研发中心在初阶段也受到流动情境的负向影响，但影响的路径系数相对较小，因此，可以认为流动情境虽然会影响逆向技术流动情境，但并不会成为跨国研发中心在东道国获取技术的阻碍。因此，企业进行跨国研发投资时，不应将当地的文化和语言作为决定是否进行投资的首要考虑因素，要避免这种心理对是否在东道国进行投资的相关决策产生的消极影响。而与此同时，也不应忽视这一客观现实，为了避免由于长期忽视造成的叠加不良影响，跨国研发中心还应该尽可能了解和熟悉东道国的文化、语言、法律、制度等和母国之间的差异，掌握合作组织的领导风格和组织文化等其他信息，确保在合作中知己知彼，消除因流动情境差异可能带来的法律问题和经济损失。

二是以团队形式培养或引进人才，提高隐性技术流入的可能。研究结论得出显性程度较大的技术更容易流动，但是很多有价值的信息往往是隐性的，因此跨国研发中心要注重隐性技术的流动。为了实现隐性技术的流动，根据仿真研究结论，技术团队依赖性对技术的隐性程度具有相对较大的决定性，可以通过降低隐性技术的团队依赖性将隐性技术显性化。由于“人”是很多重要的隐性技术的载体，而技术团队由于较高的团队依赖性，其所拥有的技术不容易被模仿或被观察，这样有助于企业核心竞争力的形成。因此，以团队形式培养或引进人才就能直接拥有团队，获得隐性技术，可以在东道国独立培养起一支能协作创新的技术团队，或者从行业内引进这样的技术团队。另外，培养或引进这样的技术团队，在技术开发中容易实现更多的一个人无法实现的任务，对企业的创新成果有倍增影响。

三是总结和探索一些有用的流动渠道并加以复制和推广，使之成为实现逆向技术流动通道的长期保障。由于流动渠道的使用频率越高，越有利于逆向技术流动，高频使用流动渠道一定程度上反映了与东道国相关组织的合作频率，以及所使用流动渠道的有效性。因此，不难理解，为了能够与各种合作组织顺畅合作，一是跨国研发中心重视开发出与东道国相关机构尽可能多的合作形式，以丰富逆向技术流动发生的渠道。二是总结已经建立的流动渠道，取优去弊，并将有效流动渠道做到可复制，从而优化流动渠道管理。例如，开发多样的正式渠道和非正式渠道，根据不同种类渠道产生的效果，选择继续使用还是放弃该渠道。正式渠道主要通过雇用当地技术人员、在当地对研发中心技术人员进行相关培训，或与东道国相关机构直接进行研发项目的合作等形式，能更直接拥有技术。因此，在决定进行某项技术的逆向流动时，跨国研发中心可以多次采用该渠道；但一些非正式渠道如电子邮件、引用专利、参加当地展览等形式，适合作为补充渠道，有助于理解技术，获得启发。

四是激发并增强跨国研发中心的动力，快速实现逆向技术流动。跨国研发中心的技术接收动力和技术发送动力贯穿逆向技术流动的全过程，对初阶段和终阶段均有重要作用。一方面，从跨国研发中心内部的技术需求出发，尽可能地嵌入东道国环境，更加准确地判断本研发中心与东道国相关组织的技术差距，促进跨国研发中心逆向技术寻求的主观能动性，激发寻求技术的更多办法，提升技术获取的绩效。另一方面，跨国研发中心通常承担了总部一定的技术任务，当跨国研发中心更快达成任务目标时，如果能及时获得来自母公司的肯定，或者更快在跨国公司的其他全球研发中心之间确立技术领先地位时，跨国研发中心继续寻求技术或开发新技术的动力就越足，如此形成良性循环。

附录一　中文问卷

尊敬的先生/女士：

您好！非常感谢您在百忙之中接受此问卷调查。问卷填写大约会花费您 20 分钟。问卷采取不记名方式填答，内容不涉及本公司的商业机密，所获信息也绝不用于任何商业目的，绝对保密。您所提供的信息对本研究非常重要，敬请客观回答，勿漏题项。

注（非常重要!）：

1. 问卷填写人必须是正就职于中国跨国公司的跨国研发中心。问卷采用第一人称，“本公司”即指所在的跨国研发中心。

2. 问卷中的“东道国”即指本公司所在的国家，“中国总部”即指本公司所属的母公司。

基本信息：

1. 本公司坐落于：

（1）北美　　（2）亚洲　　（3）欧洲　　（4）其他地区__________

2. 本公司在东道国获得了以下技术：[可多选]

（1）产品研发技术　　（2）制造业技术

（3）营销技术　　（4）物流技术

（5）采购技术　　（6）质量控制技术

（7）人力资源管理技术　　（8）一般管理的技术相关

（9）其他__________

3. 本公司向中国总部转移了以下技术：[可多选]

（1）产品研发技术　　（2）制造业技术

（3）营销技术　　（4）物流技术

（5）采购技术　　（6）质量控制技术

（7）人力资源管理技术　　（8）一般管理的技术相关

（9）其他__________

本公司及中国总部绩效：

4. 到目前为止，本公司的新产品授权数量：__________。

5. 到目前为止，本公司的专利授权数量（包含国际专利）：__________。

6. 到目前为止，中国总部引用本公司及东道国专利的总数量：__________。

7. 到目前为止，中国总部被授权的新产品中，其中使用了本公司以及东道国专利的新产品数量：__________。

8. 到目前为止，中国总部被授权的专利（包含国际专利）中，其中引用了本公司以及东道国专利的专利数量：__________。

渠道选择：

请评价下列渠道的使用频率（从不使用到频繁使用用1 2 3 4 5 6 7表示）：

9. 本公司与东道国各主体进行技术交流时：

（1）双方技术人员共同参与团队任务

（2）双方技术人员（如工程师、研究员）短期交换形式

（3）电子沟通（如论坛、新闻、电子邮件、即时信息）

（4）交换使用对方技术相关文件（如指南、手册、蓝图、数据库等）

10. 本公司与中国总部进行技术交流时：

（1）双方人员共同参与团队任务

（2）双方技术人员（如工程师、研究员）短期交换形式

（3）电子沟通（如论坛、新闻、电子邮件、即时信息）

（4）交换使用对方技术相关文件（如指南、手册、蓝图、数据库等）

总体上评价在东道国接触到的技术（将代表不同程度的数字分别写在题11~18后面）（从完全不同意到完全同意用1 2 3 4 5 6 7表示）：

11. 本公司的研发人员通过学习全套技术指南就能研发这些技术。

12. 本公司新的研发人员只要通过与有经验的研发人员交流就能研发这些技术。

13. 本公司通过观察学习这些技术拥有方的员工工作，就研发出这些技术。

14. 本公司通过参观技术拥有方的实验室，就研发出这些技术。

15. 本公司通过对相关技术产品的拆分和仔细检查，就能研发出这些技术。

16. 本公司通过对相关技术产品的使用，就能研发出这些技术。

17. 研发这些技术所需的机器设备，本公司目前还没有。

18. 这些技术在研发过程中，需要研发人员之间的面对面交流。

总体上评价本公司向中国总部转移的技术（将代表不同程度的数字分别写在题19~26后面）（从完全不同意到完全同意用1 2 3 4 5 6 7表示）：

19. 中国总部通过学习全套技术指南就能研发出这些技术。

20. 中国总部新的研发人员只要与有经验的研发人员交流，就能研发出这些技术。

21. 中国总部通过观察学习本公司员工的工作，就能研发出这些技术。

22. 中国总部通过参观本公司的实验室，就能研发出这些技术。

23. 中国总部通过拆分和仔细检查本公司生产的产品，就能研发出这些技术。

24. 中国总部通过使用本公司生产的产品，就很容易模仿生产出这些技术。

25. 研发这些技术所需的机器设备都在本公司。

26. 研发这些技术，需要本公司的研发人员面对面交流。

总体上评价本公司与东道国合作机构在以下方面的差异（将代表不同程度的数字分别写在题 27～31 后面）（从完全相同到完全不同用 1 2 3 4 5 6 7 表示）：

27. 组织文化差异。

28. 组织结构差异。

29. 人际关系（员工内部和谐程度）。

30. 文化背景差异。

31. 语言差异。

总体上评价本公司与中国总部在以下方面的差异（将代表不同程度的数字分别写在题 32～36 后面）（从完全相同到完全不同用 1 2 3 4 5 6 7 表示）：

32. 组织文化差异。

33. 组织结构差异。

34. 人际关系（员工内部和谐程度）。

35. 文化背景差异。

36. 语言差异。

总体上评价东道国与中国在以下方面的差异（将代表不同程度的数字分别写在题 37～39 后面）（从完全相同到完全不同用 1 2 3 4 5 6 7 表示）：

37. 法律环境差异。

38. 制度环境差异。

39. 文化环境差异。

本公司相对于中国总部的独立性：

决策模式如下，请根据本公司日常决策通常采用的方式回答（将选项前的数字分别填在题 40～42 后面）。

（1）中国总部独自决策

（2）中国总部决策但考虑本公司意见

（3）本公司决策，但考虑中国总部建议

（4）中国总部和本公司相同程度参与商议

（5）本公司独自决策

40. 本公司在引进新技术方面的决策［单选题］：__________。

41. 本公司在产品/服务变革方面的决策［单选题］：__________。

42. 本公司在雇用和解雇员工方面的决策［单选题］：__________。

人力情况：

本公司高层管理者的国籍情况：

43. 其中总经理国籍：__________

（1）东道国国籍　（2）中国国籍　（3）第三国国籍

44. 其中财务经理国籍：__________

（1）东道国国籍　（2）中国国籍　（3）第三国国籍

45. 其中研发经理国籍：__________

（1）东道国国籍　（2）中国国籍　（3）第三国国籍

46. 其中人力资源经理国籍：__________

（1）东道国国籍　（2）中国国籍　（3）第三国国籍

47. 本公司中国国籍的员工与外国国籍的员工数量比例：__________。

48. 本公司研发人员数量：__________。

49. 本公司员工总人数：__________。

其他问题：

50. 本公司在东道国开展项目时，选择的合作对象中，按与之合作频率由高至低进行排序，依次是：__________

（1）高校

（2）科研机构

（3）其他科技企业

（4）发明者个人

51. 本公司对中国总部研发绩效的影响（从非常重要到完全不重要用 7 6 5 4

3 2 1 表示）：

52. 我所在的部门是：

（1）研发部　　　　　　　（2）人力资源部

（3）销售部　　　　　　　（4）其他__________。

53. 我的职位是：

（1）研发经理　　　　　　（2）人力经理

（3）总经理　　　　　　　（4）销售经理

（5）其他__________。

54. 本公司成立于：__________。

55. 本公司在东道国成立的动机：［可多选］

（1）进入当地消费市场，并开发迎合当地消费者的新产品

（2）利用当地技术和人才优势，开发适用于全球的领先技术

a. 感知到的东道国研发机构或企业与本公司的合作意愿（从非常强烈到完全没有用 7 6 5 4 3 2 1 表示）

b. 在东道国寻求技术的动力（从非常强烈到完全没有用 7 6 5 4 3 2 1 表示）

c. 与母公司分享技术的动力（从非常强烈到完全没有用 7 6 5 4 3 2 1 表示）

d. 感知到的母公司接收本公司所分享技术的意愿（从非常强烈到完全没有用 7 6 5 4 3 2 1 表示）

56. 本公司进入东道国的方式：

（1）绿地投资（即创建投资）（2）并购

（3）与当地合资　　　　　（4）其他__________

57. 本公司名称及所属中国总部的名称，格式如：名称（本公司名称），名称（中国总部名称）。（本题填写只为确保样本的不重复）

____

58. 本公司在东道国进行技术开发时遇到的最大困难是：

____

59. 本公司将技术与中国总部分享过程中遇到的最大困难是：

____

60. 最后，如果您对我们的研究结论与分析感兴趣，我们很乐意将其电子版提供给您参考，请留下您的联系方式。

____

非常感谢您的填写！

祝您万事如意！

附录二　英文问卷

We do much appreciate for your filling in the questionnaire. The questionnaire is to explore how Chinese multinational corporation do oversea R&D, which might take you about 20 minutes.

We seriously promise that the questionnaire won't get any information on your business confidentiality. The data collected will be kept strictly confidential and only be used for academic analysis.

Central University of Finance and Economics in China

Note (very important):

1. You must be the person who is doing your job in an overseas R&D centre of one Chinese multinational corporation. We design the questionnaire in the first person, "my company" just means the overseas R&D center.

2. "Host country" means where my company is located, "headquarters" means the parent company in China my company belongs to.

Basic information:

1. My company is located in:

1) North America　　2) Asia

3) European　　4) Not Applicable

2. My company has acquired the following technology from host country: (multiple

choice)

1) R&D on product　　2) Manufacturing

3) Marketing　　4) Logistics

5) Purchasing　　6) Quality control

7) Human resource management　　8) General management

9) Not Applicable

3. My company has transferred the following technology to the headquarter: (multiple choice)

1) R&D on product　　2) Manufacturing

3) Marketing　　4) Logistics

5) Purchasing　　6) Quality control

7) Human resource management　　8) General management

9) Not Applicable

The performance of my company and headquarter:

4. The number of new products granted to my company until now is ___________.

5. The number of patents (including international patents) granted to my company until now is ___________.

6. The number of patent citations to my company and host country by the headquarter is ___________.

7. Among all new products granted to the headquarter, the number of those used my company and host country's patents is ___________.

8. Among all patents granted to the headquarter, the number of those cited my company and host country's patents is ___________.

The ways of technology communication and cooperation:

Sort the following communication ways from the most used to the least used:

9. Please give the frequency of the following communication ways when cooperating

with host country: Never use 1 2 3 4 5 6 7 use very frequently

(1) Teamwork that composed of persons from both parties

(2) Mutual exchange of technical staffs (researchers, engineers, etc.) in short term

(3) Internet - based instruments, such as forums, newsletters, e - mails, instant messages, etc.

(4) Related documents to read (such as handbooks, blueprints and databases)

10. Please give the frequency of the following communication ways when cooperating with your headquarter: Never use 1 2 3 4 5 6 7 use very frequently

(1) Teamwork that composed of persons from both parties

(2) Mutual exchange of technical staffs (researchers, engineers, etc.) in short term

(3) Internet - based instruments, such as forums, newsletters, e - mails, instant messages, etc.

(4) Related documents to read (such as handbooks, blueprints and databases)

The technology my company got accessed to in host country (Write down your answer after the question 11 - 18):

Totally disagree 1 2 3 4 5 6 7 Totally agree

11. It can often be easily developed in my company by studying a complete set of blueprints.

12. The new R&D personnel of my company can often easily develop it by talking to those experienced R&D personnel.

13. It can often be easily developed by learning the work of whom own this kind of technology.

14. It can often be easily developed by taking a tour of the lab of whom own this kind of technology.

15. It can often be easily developed by taking apart the related host country's products and examining them carefully.

16. It can often be easily developed by using related products produced by host country.

17. It can not be developed in my company, because there is no equipment needed.

18. It can not be developed in my company, because there are no related R&D personnel.

The technology transferred to the headquarter (Write down your answer after question after the question 19 – 26):

Totally disagree 1 2 3 4 5 6 7 Totally agree

19. It can often be easily developed by R&D person in the headquarter by studying a complete set of blueprints.

20. The new R&D personnel of the headquarter can often easily develop it by talking to those experienced R&D personnel.

21. It can often be easily developed by learning from the work of manufacturing employees of my company.

22. It can often be easily developed by taking a tour of my company's lab.

23. It can often be easily developed by taking apart my company's products and examining them carefully.

24. It can often be easily developed by using my company's products.

25. It can not be developed in the headquarter, because there is no equipment needed.

26. It can only be developed in my company, because daily face – to – face communication is needed during R&D process.

In general, the difference on the followings between my company and cooper-

ative institutions in host country:

Totally same 7 6 5 4 3 2 1 Totally different

27. The difference on organization culture: __________

28. The difference on organization structure: __________

29. Harmonious degree of interpersonal communication: __________

30. The difference on culture background: __________

31. The difference on spoken language: __________

The difference on the followings between my company and the headquarter:

Totally same 7 6 5 4 3 2 1 Totally different

32. The difference on organization culture: __________

33. The difference on organization structure: __________

34. Harmonious degree of interpersonal communication: __________

35. The difference on culture background: __________

36. The difference on spoken language: __________

In general, the difference on the followings between the two countries, namely host country and China:

Totally same 7 6 5 4 3 2 1 Totally different

37. The difference on legal environment: __________

38. The difference on institution environment: __________

39. The difference on culture background: __________

The autonomy of my company:

1) The headquarter decides alone

2) The headquarter decides but considers my company's suggestion

3) Both the headquarter and my company have roughly equal influence on decisions

4) My company decides, but considers the headquarter' s suggestion

5) My company decides alone

40. How to make a decision on introducing new technologies?

41. How to make decisions on most of changes on products?

42. How to make decisions on hiring and firing employees?

HR structure of my company:

43. Where is the general manager from?

1) Host country 2) China

3) The third country

44. Where is the financial manager from?

1) Host country 2) China

3) The third country

45. Where is the R&D manager from?

1) Host country 2) China

3) The third country

46. Where is the HR manager from?

1) Host country 2) China

3) The third country

47. The ratio of Chinese employees to foreign country employees in my company is

____

48. The number of R&D workers in my company is __________

49. The number of employees in my company is __________

Other questions:

50. Sort the followings according to the times of my company choose to cooperate with from the most to the least : __________

(1) Colleges and universities (2) R&D institutions

(3) Other high – tech enterprises (4) Individual innovators

51. The importance of my company to R&D performance of the headquarter :

Very important 7 6 5 4 3 2 1 Not important at all

52. The department I'm working in:

1) R&D department 2) HR department

3) Marketing department 4) Not Applicable

53. My position is:

1) R&D manager 2) HR manager

3) Marketing manager 4) Not Applicable

54. My company was founded in the year

55. The motivation of my company is to (multiple choice):

1) Explore new product just to adapt to customers in host country.

2) Get access to advanced technology and outstanding talents in host country so that explore new technology.

Very Frequency 7 6 5 4 3 2 1 Never

a. Perceived willingness of the host country R&D institution or enterprise to cooperate with the company

b. Motivation for seeking technology in the host country

c. Power of Sharing of technology with the parent company

d. The perceived willingness of the parent company to receive the technology shared by your company

56. My company was founder by the way of :

1) Greenfield investment 2) Merge and acquisition

3) Join investment 4) Not Applicable

57. The names of my company: ____________

And the name of the headquarter: ____________

(*Filling this blank is just to avoid the repeated questionnaires that might be collected.*)

58. The most difficulty on exploring technology in host country is that:

____

59. The most difficulty on sharing technology knowledge with the headquarter is that:

____

60. At last, if you are interested in this research outcome, please do not hesitate to leave your email below, the outcome will be sent to you once it is done.

____

Many thanks again!

May the best for you!

附录三　中国跨国研发中心名录

（数据截止2019年6月）

调研企业名录

母公司	跨国研发中心名称
山西大泽源贸易有限公司	大泽源（迪拜）铸铁制品研发公司
宁波贝泰灯具有限公司	贝泰澳大利亚研发中心
费县淇凯纺织有限公司	淇凯（贝宁）印花产品研发有限公司
中船重工（重庆）海装风电设备有限公司	中船重工海装风电（丹麦）研发中心
江苏南大电子信息技术股份有限公司	丹麦第三波研发股份有限公司
山东共达电声股份有限公司	共达电声欧洲研发有限公司
广东明阳风电产业集团有限公司	明阳风电欧洲研发中心
浙江佳力科技股份有限公司	浙江佳力德国科技研发中心有限公司
宁波贝泰灯具有限公司	贝泰德国研发中心
山东常林机械集团股份有限公司	常林（德国）研发有限公司
山东海之宝海洋科技有限公司	海之宝（德国）研发有限公司
山东威高集团医用高分子制品股份有限公司	威高医疗研发（德国）有限公司
鲁西化工集团股份有限公司	鲁西化工（欧洲）技术研发有限责任公司
青岛张氏集团有限公司	德国张氏机械研发公司
宁波哈瑞硅胶实业有限公司	宁波哈瑞硅胶法国巴黎研发中心
广州飒特红外科技有限公司	飒特红外法国研发中心
袁隆平农业高科技股份有限公司	隆平高科菲律宾研发中心
山东新康威电子有限公司	新康威（韩国）研发中心有限公司

续表

母公司	跨国研发中心名称
威海纺织集团进出口有限责任公司	韩国迪尚服装研发中心有限公司
东莞劲胜精密组件股份有限公司	东莞劲胜产品研发中心有限公司
山东新北洋信息技术股份有限公司	新北洋（欧洲）研发中心有限公司
山西聚义实业集团股份有限公司	聚义多大创新创业研发中心
常州协丰医药研发有限公司	协丰医药研发（加拿大）有限公司
宁波药腾国际贸易有限公司	药腾研发有限公司
郯城县斯凯尔日用化工有限公司	加纳新东方高科技农业研发中心
湖南杂交水稻研究中心	隆平（马）杂交稻研发有限公司
重庆长安汽车股份有限公司	长安美国研发中心股份有限公司
中国民航信息网络股份有限公司	中国航信北美研发中心
赛尔教育科技发展有限公司	赛尔教育科技研发公司
	赛尔教育科技研发公司
钛马信息网络技术有限公司	钛马信息网络技术有限公司美国研发中心
石家庄市锦簇商贸有限公司	福荣研发中心有限责任公司
上海微特生物技术有限公司	上海微特生物技术有限公司美国研发中心
南京药石药物研发有限公司	美国药石药物研发有限公司
南京立达医药研发有限公司	南京立达医药研发有限公司美东办事处
浙江开山压缩机股份有限公司	泽西北美研发中心
浙江康莱特集团有限公司	康莱特美国药物研发中心
奥显新材料技术（嘉兴）有限公司	奥显美国硅谷研发中心
宁波贝泰灯具有限公司	贝泰美国研发中心
宁波天瑞电器有限公司	宁波天瑞电器（美国）研发中心
华纺股份有限公司	华纺印染（USA）研发中心
山东金正大生态工程股份有限公司	金正大（美国）肥料研发中心
威海纺织集团进出口有限责任公司	美国威高利服装研发中心有限公司
威海蒙威实业有限公司	艾迪维达（美国）生物工程研发中心有限公司
万华化学集团股份有限公司	万华美国研发有限公司
山东金象铝业有限公司	金象铝业（美国）研发中心有限公司
青岛开世密封工业有限公司	青岛开世美国研发中心
河南羚锐制药股份有限公司	河南羚锐制药股份有限公司美国药物研发中心
广州中望龙腾软件股份有限公司	广州中望龙腾软件股份有限公司美国研发中心

续表

母公司	跨国研发中心名称
佛山电器照明股份有限公司	佛山照明美国研发中心
山东新港企业集团有限公司	新港（尼日利亚）木业研发有限公司
中国电力科学研究院	中国国家电网公司—葡萄牙国家能源网公司能源研发中心
唐山市拓又达科技有限公司	拓又达日本风电技术研发中心
鞍山流体通用设备制造有限公司	株式会社优尼科斯研发中心
威海华菱光电股份有限公司	威海华菱光电股份有限公司日本研发中心（分公司）
日立电梯（中国）有限公司	中国电梯研发室（项目部）
软控股份有限公司	软控欧洲研发和技术中心有限责任公司
山东华利纺织抽纱品有限公司	华利（泰国）环保再生研发有限公司
文登市汇银科能精密设备有限公司	汇银（欧洲）光热发电设备研发有限公司
同方股份有限公司	新加坡同方亚太研发中心有限公司
余姚宗美电器有限公司	新西兰创新灯具研发中心
江苏苏净科技有限公司	江苏苏净营销研发服务中心
吉林省东亨运动鞋总厂	辽源东亨意大利研发销售中心
温州服装发展有限公司	中意纺织及新材料研发中心
潍坊科苑数字科技有限责任公司	潍坊科苑数字科技有限责任公司印度技术研发中心
易思博网络系统（深圳）有限公司	软酷研发科技有限公司
重庆长安汽车股份有限公司	长安英国研发中心有限责任公司
浙江大丰体育设备有限公司	浙江大丰（英国）体育工程设计研发公司
宁波银瑞有机硅科技发展有限公司	银瑞有机硅（英国）研发中心有限公司
三生（中国）健康产业有限公司	泽颜国际研发中心有限公司
宁波欧胜电器有限公司	尔翔科技研发设计中心
威海立派国际贸易有限公司	香港凡思纺织品研发有限公司
潍坊赛马力发电设备有限公司	香港博特尔研发有限公司
寿光市华铭软件科技有限公司	寿光市华铭软件科技有限公司香港技术研发项目部
山东华利纺织抽纱品有限公司	华利（香港）研发有限公司
临沂诚谊家用纺织品有限公司	诚谊（香港）研发有限公司
寿光市潍科软件科技有限公司	寿光市潍科软件科技有限公司香港技术研发项目部
深圳华大基因科技有限公司	华大基因香港研发中心有限公司

续表

母公司	跨国研发中心名称
深圳市展宏模具研发信息咨询有限公司	展宏模具研发信息咨询有限公司
中国石油天然气集团公司	与壳牌成立页岩油联合研发中心
国家电网公司	国家电网公司—葡萄牙能源网公司能源研究中心
中国兵器装备集团公司	中国长安　英国研发中心
	中国长安　美国底特律研发中心
中国航空工业集团公司	英国诺丁汉大学中航工业航空发动机大学创新中心
	英国曼彻斯特大学中航工业航空材料大学技术中心
	英国帝国理工学院联合建立 AVIC 结构设计与制造中心
宝钢集团有限公司	宝钢——澳大利亚联合研发中心
联想控股有限公司	联想集团日本东京研究院
	联想集团美国罗利研究院
华为技术有限公司	印度班加罗尔研发中心
	瑞典斯德哥尔摩研发中心
	与沃达丰建立移动联合创新中心 MIC
	意大利微波研发中心
	芬兰研发中心
	英国研发中心
	与沃达丰建立基于 LTE 产品的创新中心
	渥太华研发中心
中国建筑材料集团有限公司	中国建材美国光电材料研究中心
临沂中天木业有限公司	中天（英国）胶合板研发有限公司
威海纺织集团进出口有限责任公司	迪尚（欧洲）服装研发中心有限公司
天津海鸥表业集团有限公司	香港精艺工程研发所有限公司
南京汉德森科技股份有限公司	科导研发有限公司
余姚市天腾塑胶金属有限公司	香港天腾研发设计公司
北京汽车集团有限公司	北汽福田德国商用车研发中心
	荷兰研发中心
	子公司收购英纳法（包括 3 个研发中心）
	北汽福田日本研发中心

续表

母公司	跨国研发中心名称
中国化工集团公司	蓝星 ELKEM 技术中心
	蓝星安迪苏营养研究专业中心
	安迪苏生物流程改进与创新中心
	蓝星有机硅国际公司里昂研发中心
	蓝星有机硅国际公司里昂研发中心美国洛克希尔分中心
	蓝星有机硅国际公司里昂研发中心美国文图拉分中心
	蓝星有机硅国际公司里昂研发中心英国分中心
	蓝星有机硅国际公司里昂研发中心德国分中心
	蓝星有机硅国际公司里昂研发中心西班牙分中心
	收购飞利浦法国的研发中心
	蓝星有机硅国际公司里昂研发中心意大利分中心
	蓝星有机硅国际公司里昂研发中心巴西分中心
海尔集团公司	日本东京研发中心
	收购并整合三洋研发中心
	首尔研发中心
浙江吉利控股集团有限公司	澳大利亚 DSI 变速器研发中心
	与沃尔沃合作　瑞典研发中心
徐州工程机械集团有限公司	欧洲研究院
	美国研究院
兖矿集团有限公司	澳大利亚研发中心
中国南车集团公司	英国半导体研发中心
	美国研发中心
恒力集团有限公司	与德国吉玛成立研发中心
	与日本东丽公司成立研发中心
	法国研发中心
	意大利研发中心
中兴通讯股份有限公司	与累斯顿工业大学设立联合研发中心
	美国 CDMA 研发中心
	新泽西研发中心

续表

母公司	跨国研发中心名称
中兴通讯股份有限公司	硅谷研发中心
	瑞典研发中心
	达拉斯研发中心
	美国研发中心
	渥太华研发中心
三一集团有限公司	三一印度研发中心
	三一巴西研发中心
海信集团有限公司	欧洲电视研发中心
	加拿大研发中心
	美国光通信研发中心
	海信欧洲研发中心荷兰有限公司
	海信美国多媒体研发中心
潍柴控股集团有限公司	潍柴 AVL 联合研发中心
	美国研发中心
四川长虹电子集团有限公司	韩国研发中心
南山集团有限公司	南山纺织服饰美国纽约研发中心
	南山纺织服饰美国洛杉矶研发中心
	与国际羊毛局合作成立羊毛创新中心
TCL 集团股份有限公司	TCL – Accton 建立联合实验室
	TCL 多媒体北美研发中心
	TCL 多媒体德国研发中心
	TCL 多媒体法国研发中心
	TCL 多媒体新加坡研发中心
北大方正集团有限公司	方正—欧姆龙联合研发中心
	方正—IBM 数字化医院解决方案实验室
华侨城集团公司	康佳美国硅谷研发中心
	康佳日本研发中心
	康佳韩国研发中心
	康佳法国研发中心
	康佳印度研发中心

续表

母公司	跨国研发中心名称
广东格兰仕集团有限公司	格兰仕美国研究中心
	格兰仕韩国研发中心
	格兰仕中国香港研发中心
	格兰仕日本研究中心
奥克斯集团有限公司	瑞赛联合研发中心
	美国芝加哥研发中心
美的集团有限公司	意大利洗碗机研发中心
广州医药集团有限公司	广药集团心脑血管中药国际（独联体）研究中心
人民电器集团有限公司	人民电器德国柏林科研基地
京东方科技集团股份有限公司	组建韩国现代液晶显示器有限公司
重庆力帆控股有限公司	巴西研发中心
玲珑集团有限公司	北美研发中心
武汉钢铁（集团）公司	武钢—迪肯汽车材料创新研究中心
比亚迪股份有限公司	香港电动车研发中心
新疆金风科技股份有限公司	澳大利亚研发中心
中国恒天集团有限公司	AUTEFA Solutions 德国
	AUTEFA Solutions 意大利
	AUTEFA Solutions 奥地利
盛虹控股集团有限公司	与欧瑞康德国建立研发中心
奇瑞汽车股份有限公司	奇瑞汽车意大利研究院
	奇瑞汽车日本研究院
	奇瑞汽车澳大利亚研究院
浪潮集团有限公司	中国香港研发中心
	日本研发中心
	美国研发中心

来源：根据商务部数据整理。

附录四　仿真模型（系统流图）中各变量的数学表达式

（1）跨国研发中心接收技术量 = 技术流动渠道 1 × 技术特点 1 × 跨国研发中心接收技术动力 × 流动情境 1 × 技术寻求需求系数 × 东道国发送技术量（单位：item/Week）

（2）跨国研发中心吸收技术量 = 跨国研发中心接收技术量 × 跨国研发中心吸收能力（单位：item/Week）

（3）跨国研发中心技术量 = INTEG（跨国研发中心吸收技术量 - 技术失效量 1，10）

设定跨国研发中心初始技术量为 10（单位：item）

（4）跨国研发中心技术吸收能力 = WITH LOOKUP（Time，（[（0，0）-（60，1）]，（0，0.2），（10，0.3），（20，0.4），（30，0.5），（40，0.6），（50，0.7），（60，0.8）））跨国研发中心吸收能力随着技术量的增加而增强，使用表函数来模拟吸收能力。吸收能力取值范围（0，1），最初吸收能力为 0.3，最终吸收能力达到 0.9。

（5）技术失效量 1 = STEP（技术失效率 1 × 跨国研发中心吸收技术量，5）

由于知识创新需要一个过程，因此用阶跃函数来模拟这个过程。作为接收方的跨国研发中心到东道国搜集技术并吸收技术，当吸收技术时，根据上面的延迟第 5 周开始出现技术失效量，会产生一些失效技术，假定失效率为 0.1（单位：item/Week）

（6）东道国发送技术量 = DELAY1I（东道国发送技术动力 × 东道国技术发送率，1，0）

东道国决定发送技术到开始发送存在一个过程，研究认为延迟了 1 周（单位：item/Week）

（7）技术流动渠道 = 正式渠道频率 +0.1 × 非正式渠道频率（二阶段通用）

（8）技术 = IF THEN ELSE（技术可表达性 1 × 技术可观察性 1 > 技术团队依赖程度 1^2，技术可表达性 1 + 技术可观察性 1，1 - 技术团队依赖程度 1），当技术可表达性和技术可观察性均大过技术团队依赖程度时，技术特点的最终值取决于技术可表达性和技术可观察性的取值之和，技术团队依赖程度不足以影响技术特点。反之，技术特点完全取决于技术团队依赖程度。取值为（0，1）（二阶段通用）

（9）转移技术量 = DELAY1I（技术转移需求系数 × 跨国研发中心发送技术动力 × 跨国研发中心吸收技术量 4，0）。跨国研发中心吸收消化从东道国而来的技术后，决定向母公司逆向转移，从决策到实施转移存在时间延迟，设置为 1 周，根据前面的时间延迟，仿真时间开始第 4 周时开始转移技术（单位：item/Week）

（10）母公司接收技术量 = 转移技术量 × 母公司接收技术动力 × 流动情境2 × 技术特点 2 × 技术流动渠道 2（单位：item/Week）

（11）母公司技术吸收技术量 = 母公司接收技术量 × 母公司吸收能力（单位：item/Week）

（12）母公司技术量 = INTEG（母公司吸收技术量 - 技术失效量 2，30），设置母公司初始技术量为 30（单位：item）

（13）技术失效量 2 = STEP（技术失效率 2 × 母公司吸收技术量，11），由于从跨国研发中心而来的技术还需要经过母公司接收和吸收，根据上面的时间延迟，认为第 11 周开始出现技术失效量，假设技术失效率 2 为 0.1（单位：item/Week）

（14）母公司技术吸收能力 = WITH LOOKUP（Time，（［（0，0）-（60，1）］，（0，0.3），（10，0.4），（20，0.5），（30，0.6），（40，0.7），（50，0.8），（60，0.9））），母公司技术吸收能力随着技术量的增加而增强，为避免系统过于复杂，使用表函数来模拟吸收能力。由于母公司初始技术量相对较大，母公司初始吸收能力被认为略高于跨国研发中心，初始吸收能力为0.4，最终吸收能力达到0.9的线性函数（杨钢、薛惠锋，2009）

（15）技术差距 = IF THEN ELSE（母公司目标技术量 - 母公司技术量 >0，母公司目标技术量 - 母公司技术量，0），该模型中的技术差距是指与目标技术量之间的差距，当“母公司目标技术量 - 母公司技术量”大于0，即母公司目前技术量距离目标技术量仍有差距，需要继续终阶段技术流动，否则终止（单位：item）

（16）流动情境 =1 - 语言差异 × 文化差异，语言差异和文化差异的取值范围是（0，1）（二阶段通用）

（17）母公司目标技术量 =1000（单位：item）

（18）跨国研发中心目标技术量 =0.2 × 技术差距2（现实中母公司往往建立多个跨国研发中心，其中一个跨国研发中心只需要完成部分目标技术，假设其中该跨国研发中心是为母公司寻求技术缩短20%的技术差距2）（单位：item）

（19）东道国发送技术量 = DELAY1I（东道国发送技术动力 × 东道国技术发送率，1，0），东道国决定发送技术到开始发送存在一个过程，假定延迟1周（单位：item/Week）

（20）东道国技术发送率 =10，取值（0，100）

（21）技术失效率1 =0.1

（22）技术失效率2 =0.1

（23）正式渠道1频率 =5（1，20）

（24）非正式渠道1频率 =4

（25）技术可表达性1 =0.3

（26）技术可观察性1 =0.4

（27）技术团队依赖程度1 =0.2

（28）语言差异1 =0.1

（29）文化差异1 =0.5

（30）东道国技术价值 =0.8

（31）东道国发送技术动力 = WITH LOOKUP（Time，（［（0，0）-（60，

1)]，(1，0.1)(10，0.2)(20，0.3)(30，0.4)(40，0.38)(50，0.3)(60，0.28)))。由于东道国发送技术动力比较复杂，一方面因为技术合作带来的声誉感等，另一方面也会考虑本企业或者本国的技术泄露，保留本企业的技术优势等因素，本书认为东道国技术源企业的技术发送动力是逐渐提高然后有所下降的趋势。

(32)跨国研发中心接收技术动力 =0.9，由于所研究的跨国研发中心在东道国设立的主要目的是逆向技术寻求，其接收技术的动力保持在较高水平并且保持不变。

(33)母公司接受技术动力 =0.9

(34)语言差异2 =0.5

(35)文化差异2 =0.5

(36)非正式渠道2 =4，(1，20)

(37)正式渠道2 =5，(1，20)

(38)技术可表达性2 =0.6

(39)技术可观察性2 =0.6

(40)技术团队依赖程度2 =0.4

(41)跨国研发中心发送技术动力 =0.9

(42)技术转移需求系数 = IF THEN ELSE(技术差距 >0，0.9，0)

(43)技术寻求需求系数 = IF THEN ELSE(技术差距 >0，0.9，0)

参考文献

[1] 白洁．对外直接投资的逆向技术溢出效应——对中国全要素生产率影响的经验检验［J］．世界经济研究，2009（8）：65-69.

[2] 白洁．基于吸收能力的逆向技术溢出效应实证研究［J］．科研管理，2011（12）：4-12.

[3] 蔡冬青，周经．东道国人力资本、R&D 投入与我国 OFDI 的反向技术溢出［J］．世界经济研究，2012（4）：76-80.

[4] 陈岩．中国对外投资逆向技术溢出效应实证研究：基于吸收能力的分析视角［J］．中国软科学，2011（10）：61-72.

[5] 储节旺．知识管理概论［M］．北京：北京交通大学出版社，2006.

[6] 储节旺，李章超．创新驱动背景下企业知识转移的系统动力学研究［J］．图书馆，2018（6）：28-34.

[7] 崔新健，章东明．逆向技术转移和逆向技术溢出的内涵研究［J］．中国科技论坛，2016（12）：78-82.

[8] 陈怀超，蒋念，范建红．转移情境影响母子公司知识转移的系统动力学建模与分析［J］．管理评论，2017，29（12）：62-71.

[9] 杜丽虹．创造性资产寻求、子公司影响力与逆向知识转移［J］．科研管理，2018，39（7）：85-96.

[10] 杜丽虹，吴先明．跨国公司逆向知识转移的母公司作用机制：基于战略和能力视角［J］．科技管理研究，2017（9）：149-156.

[11] 关涛．知识特性对跨国公司选择知识转移工具的影响［J］．科研管理，2012，33（5）：79-94.

[12] 郭东妮．高校技术转移的动力评估模型研究 [J]．科学学与科学技术管理，2012，33（1）：106－108.

[13] 胡峰．从自主创新到自主知识产权——国际化的视角 [M]．上海：华东理工大学出版社，2011.

[14] 黄芳铭．结构方程模式：理论与应用 [M]．北京：中国税务出版社，2005.

[15] 贾仁安，丁荣华．统动力学反馈动态性复杂分析 [M]．北京：高等教育出版社，2002.

[16] 贾县民，王喜莲．对外直接投资与母国技术进步的机理分析与实证 [J]．求索，2012（2）：38－40.

[17] 杰弗里·A. 迈尔斯．管理与组织研究必读的40个理论 [M]．徐世勇，李超平等译．北京：北京大学出版社，2017.

[18] 李梅．对外直接投资的技术进步效应——基于1985－2008年的经验研究 [J]．经济管理，2010（12）：40－48.

[19] 刘蕾，于千千．论企业核心业务的知识流动 [J]．科技进步与对策，2005，22（7）：117－119.

[20] 刘明霞，王学军．中国对外直接投资的逆向技术溢出效应研究 [J]．世界经济研究，2009（9）：57－62，88－89.

[21] 刘明霞，于飞．中国跨国公司逆向知识转移组织机制的实证研究 [J]．科学学研究，2013，31（8）：1242－1251.

[22] 刘明霞．跨国公司逆向知识转移研究述评 [J]．管理学报，2012，9（3）：356－362.

[23] 刘英奎．中国企业“走出去”提质增效，成就斐然 [EB/OL]．http：//www. ccpit. org/Contents/Channel_ 4113/2016/0531/652534/content_ 652534. htm.

[24] 罗艳玲，马费成．情境中的文化要素对组织知识转移的影响 [J]．图书情报工作，2011，55（12）：74，79－82.

[25] 马庆国，徐青，廖振鹏等．知识转移的影响因素分析 [J]．北京理工大学学报（社会科学版），2006，8（1）：40－43.

［26］欧阳艳艳．中国对外直接投资逆向技术溢出的境外地区分布差异性研究［J］．华南农业大学学报（社会科学版），2012（1）：43－50.

［27］钱学森．论系统工程［M］．长沙：湖南科学技术出版社，1982.

［28］苏敬勤，张琳琳．情境内涵、分类与情境化研究现状［J］．管理学报，2016，12（4）：491－497.

［29］孙福全，成微．中国企业海外研发遇到的主要问题和对策建议［J］．太原科技，2009（12）：16－18.

［30］孙玉涛，张帅，尹彤．本土研发努力和国际技术流动模式演化及效应［J］．科学学研究，2015，33（8）：1151－1160.

［31］王辉耀，苗绿．中国企业全球化报告［M］．北京：社会科学文献出版社，2016.

［32］王平．知识流动渠道管理视角下的企业知识共享方法研究［J］．图书情报工作，2009（10）：79－82.

［33］王其藩．系统动力学［M］．北京：清华大学出版社，1994.

［34］王清晓，杨忠．跨国公司母子公司之间的知识转移研究：一个情境的视角［J］．科学学与科学技术管理，2005（6）：81－86.

［35］王欣，孙冰．企业内知识转移的系统动力学建模与仿真［J］．情报科学，2012，30（2）：173－178.

［36］吴翠花，万威武，张莹．从文化的视角看国际技术转移［J］．中国软科学，2004（1）：157－160.

［37］吴先明等．海外并购、逆向知识转移与创新绩效［M］．北京：中国社会科学出版社，2014.

［38］徐升华，李山．校企知识转移的情境、渠道与模式选择路径［J］．科技进步与对策，2012，29（11）：126－132.

［39］徐笑君．文化差异对美资跨国公司总部知识转移影响研究［J］．科研管理，2010，31（4）：49－58.

［40］杨钢，薛惠锋．高校团队内知识转移的系统动力学建模与仿真［J］．科学学与科学技术管理，2009（6）：87－92.

［41］杨栩，肖蘅，廖姗．知识转移渠道对知识转移的作用机制——知识粘性前因的中介作用和治理机制的调节作用［J］．管理评论，2014（9）：89－99.

［42］叶娇，原毅军，张荣佳．文化差异视角的跨国技术联盟知识转移研究——基于系统动力学的建模与仿真［J］．科学学研究，2012，30（4）：557－563.

［43］叶红雨，韩东，王圣浩．中国 OFDI 逆向技术溢出效应影响因素的分位数回归研究——基于东道国特征视角［J］．经济与管理评论，2017，33（5）：112－120.

［44］尹建华，周鑫悦．中国对外直接投资逆向技术溢出效应经验研究——基于技术差距门槛视角［J］．科研管理，2014，35（3）：131－139.

［45］于海云．FDI 嵌入型集群中员工流动、组织文化差异与知识转移绩效——基于内外资企业间知识转移的研究视角［J］．科学学与科学技术管理，2012，33（11）：88－96.

［46］张光磊，刘善仁，申红艳．组织结构、知识转移渠道与研发团队创新绩效——基于高新技术企业的实证研究［J］．科学学研究，2011，29（8）：1198－1206.

［47］张树中．构成要素视角下的知识转移模式研究［J］．图书馆理论与实践，2016（7）：66－71.

［48］张琦，刘人境，杨晶玉．知识转移绩效影响因素分析［J］．科学学研究，2019（2）：311－319.

［49］章东明，崔新健．中国高新技术产业的开放发展与产业安全研究［J］．国际贸易，2018（12）：19－24.

［50］钟永光，贾晓菁，钱颖光等．系统动力学［M］．北京：科学出版社，2011.

［51］周和荣，张鹏程，张金隆．组织内非正式隐性知识转移机理研究［J］．科研管理，2008，29（5）：70－77.

［52］谷传华，张文新．情境的心理学内涵探微［J］．山东师范大学学报

（人文社会科学版），2003，48（5）：99－102.

［53］邹玉娟．发展中国家对外直接投资、逆向技术转移与母国技术提升［J］．经济问题，2008（9）：105－108.

［54］周钟，陈智高．基于系统动力学的企业知识刚性演化与影响研究［J］．科研管理，2018，39（10）：159－167.

［55］Adler P.，Kwon S. Social Capital：Prospects for A New Concept［J］．Academy of Management Review，2002，27（1）：17－40.

［56］Agrawal A. Engaging the Inventor：Exploring Licensing Strategies Foruniversity Inventions and the Role of Latent Knowledge［J］．Strategic Management Journal，2006（27）：63－79.

［57］Ahammad M. F.，Tarba S. Y.，Liu Y.，et al. Knowledge Transfer and Cross－border Acquisition Performance：The Impact of Cultural Distance and Employee Retention［J］．International Business Review，2016，25（1）：66－75.

［58］Alice L.，Embedded F. Embedded Knowledge：Problem of Collaboration and Knowledge Transfer in Global Coperative Ventures［J］．Organization Studies，1997，18（6）：973－996.

［59］Allen T. J. Managing the Flow of Technology［M］．Cambridge MA：MIT Press，1977.

［60］Allport G. W. Personality：A Pychological Interpretation［R］．Holt，New York，1937.

［61］Ambos B.，Reitsperger W. D. Offshore Centers of Excellence：Social Control and Success［M］．Management and International Review. Gabler Verlag，2004.

［62］Ambos B.，Schlegelmilch B. B. Innovation and Control in the Multinational firm：A Comparison of Political and Contingency Approaches［J］．Strategic Management Journal，2007，28（5）：473－486.

［63］Ambos T. C.，Ambos B. The Impact of Distance on Knowledge Transfer Effectiveness in Multinational Corporations［J］．Journal of International Management，

2009, 15 (1): 1 –14.

[64] Amessea F. , Cohendet P. Technology Transfer Revisited from the Perspective of the Knowledge – based Economy [J] . Research Policy, 2001, 30 (9): 1459 – 1478.

[65] Andersson U. , Forsgren M. & Holm U. The Strategic Impact of External Networks: Subsidiary Performance and Competence Development in the Multinational Corporation [J] . Strategic Management Journal, 2002, 23 (11): 979 –996.

[66] Anh P. T. T. , Baughn C. C. , Hang N. T. M & Neupert K. E. Knowledge Acquisition from Foreign Parents in International Joint Ventures: An Empirical Study in Vietnam [J] . International Business Review, 2006, 15 (5): 463 –487.

[67] Asakawa K. Organizational Tension in International Management: The Case of Japanese Firms [J] . Research Policy, 2001 (30): 735 –757.

[68] Athreye S. , Batsakis G. & Singh S. Subsidiary Embeddedness is a Strategic Choice: Complementarity and the Factors Associated with Different Types of Embeddedness [R] . DRUID, Copenhagen Business School, Department of Industrial Economics and Strategy/Aalborg University, Department of Business Studies, 2013.

[69] Azagra – Caro J. M. , Barberá – Tomás D. , Edwards – Schachter M. , et al. Dynamic Interactions Between University – industry Knowledge Transfer Channels: A Case Study of the Most Highly Cited Academic Patent [J] . Research Policy, 2017, 46 (2): 463 –474.

[70] Ba S. , Stallaert J. & Whinston A. B. Research Commentary: Introducing a Third Dimension in Information Systems Design—the Case for Incentive Alignment [J] . Information Systems Research, 2001, 12 (3): 225 –239.

[71] Bain R. Technology and State Government [J] . American Sociological Review, 1937, 2 (6): 860 –874.

[72] Barry Hocking J. , Brown M. & Harzing A. W. A Knowledge Transfer Perspective of Strategic Assignment Purposes and Their Path – dependent Outcomes [J] . The International Journal of Human Resource Management, 2004, 15 (3): 565 –586.

[73] Bartlett C. A. , Ghoshal S. Managing Across Borders: The Transnational Solution [M] . Harvard Business Press, 2002.

[74] Battistella C. , De Toni A. F. & Pillon R. Inter – organisational Technology/knowledge Transfer: A Framework from Critical Literature Review [J] . The Journal of Technology Transfer, 2016, 41 (5): 1195 –1234.

[75] Becerra M. , Lunnan R. & Huemer. Trustworthiness, Risk, and the Transfer of Tacit and Explicit Knowledge between Alliance Partners [J] . Journal of Management, 2008, 45 (4), 691 –713.

[76] Behrman J. N. , Fischer W. A. Overseas R&D Activities of Transnational Companies [J] . Thunderbird International Business Review, 1980, 22 (3): 15 –17.

[77] Bekkers R. , Freitas I. M. Analysing Knowledge Trans – fer Channels between Universities and Industry: To What Degree do Sectors also Mater [J] . Research Policy, 2008 (37): 1837 –1853.

[78] Bhatt G. D. Knowledge Management in Organizations: Examining the Interaction Between Technologies, Techniques, and People [J] . Journal of Knowledge Management, 2001, 5 (1): 68 –75.

[79] Birkinshaw J. , Hood N. Multinational Subsidiary Evolution: Capability and Charter Change in Foreignowned Subsidiary Companies [J] . Academy of Management Review, 1998, 23 (4): 773 –795.

[80] Borgmann A. Technology as a Cultural Force: For Alena and Griffin [J] . The Canadian Journal of Sociology, 2006, 31 (3): 351 –60.

[81] Borini F. M. , de Miranda Oliveira M. & Silveira F. F. , et al. The Reverse Transfer of Innovation of Foreign Subsidiaries of Brazilian Multinationals [J] . European Management Journal, 2012, 30 (3): 219 –231.

[82] Brande T. Rethinking Equality: National Identity and Language Rights in the United States [J] . Texas Hispanic, Journal of Law and Policy, 2009, 15 (1): 7 –50.

[83] Branstetter L. Is Foreign Direct Investment a Channel of Knowledge Spillovers? Evidence from Japan's FDI in the United States [J]. Journal of International Economics, 1996, 68 (2): 325 - 344.

[84] Brockhoff K. K. L., Schmaul B. Organization, Autonomy, and Success of Internationally Dispersed Facilities [J]. IEEE Transactions on Engineering Management, 1996, 43 (1): 33 - 40.

[85] Brown J. S., Duguid P. Organizing Knowledge [J]. California Management Review, 1998, 3 (40): 90 - 111.

[86] Buratti N., Penco L. Assisted Technology Transfer to SMEs: Lessons from an Exemplary Case [J]. Technovation, 2001, 21 (1): 35 - 43.

[87] Canhoto A. I., Quinton S. & Jackson P., et al. The Co - production of Value in Digital, University - industry R&D Collaborative Projects [J]. Industrial Marketing Management, 2016 (56): 86 - 96.

[88] Cantwell J., Janne O. Technological Globalisation and Innovative Centres: The Role of Corporate Technological Leadership and Locational Hierarchy [J]. Research Policy, 1999, 28 (2): 119 - 144.

[89] Cantwell J., Mudambi R. MNE Competence - creating Subsidiary Mandates [J]. Strategic Management Journal, 2005, 26 (2): 1109 - 1128.

[90] Cantwell J., Piscitello L. The Emergence of Corporate International Networks for the Accumulation of Dispersed Technological Competences [J]. MIR: Management International Review, 1999 (7): 123 - 147.

[91] Cantwell J. The Globalisation of Technology: What Remains of the Product Cycle Model? [J]. Cambridge Journal of Economics, 1995 (19): 155.

[92] Castanias R. P., Helfat C. E. Managerial and Windfall Rents in the Market for Corporate Control [J]. Journal of Economic Behavior and Organization, 1992 (18): 153 - 184.

[93] Castellani D., Pieri F. R&D Offshoring and the Productivity Growth of European Regions [J]. Research Policy, 2013, 42 (9): 1581 - 1594.

[94] Caves R. E. International Corporations: The Industrial Economics of Foreign Investment [J]. Economica, 1971, 38 (149): 1-27.

[95] Chen V. Z., et al. International Reverse Spillover Effects on Parent Firms: Evidences from Emerging-market MNEs in Developed Markets [J]. European Management Journal, 2012, 30 (3): 204-218.

[96] Clement R., Baker S. C. & MacIntyre P. D. Willingness to Communicate in a Second Language: The Effects of Context, Norms and Vitality [J]. Journal of Language and Social Psychology, 2003, 22 (2): 190-209.

[97] Coe D. T., Helpman E. International R&D Spillovers [J]. European Economic Review, 1995, 39 (5): 859-887.

[98] Cohen W. M., Levinthal D. A. Absorptive Capacity: A New Perspective on Learning and Innovation [J]. Administrative Science Quarterly, 1990 (35): 128-152.

[99] D' Agostino L. M., Santangelo G. D. Do Overseas R&D Laboratories in Emerging Markets Contribute to Home Knowledge Creation? [J]. Management International Review, 2012, 52 (2): 251-273.

[100] Daft R. L., Lengel R. H. Organizational Information Requirements, Media Richness, and Structural Design [J]. Management Science, 1986 (32): 554-571.

[101] Datta P., Bhattacharyya K. Innovation Returns and the Economics of Offshored IT R&D [J]. Strategic Outsourcing: An International Journal, 2012, 5 (1): 15-35.

[102] Davidsson P., Honig B. The Role of Social and Human Capital Among Nascent Entrepreneurs [J]. Journal of Business Venturing, 2003, 18 (3): 301-331.

[103] Dhanaraj C., Lyles M. A. & Steensma H. K., et al. Managing Tacit and Explicit Knowledge Transfer in IJVs: The Role of Relational Embeddedness and the Impact on Performance [J]. Journal of International Business Studies, 2004, 35 (5): 428-442.

[104] Diamantopoulos A., Winklhofer H. Index Construction with Formative Indicators: An Alternative to Scale Development [J]. Journal of Marketing Research, 2001, 38 (2): 269 -277.

[105] Dierickx I., Cool K. Asset Stock Accumulation and Sustainability of Competitive Advantage [J]. Management Science, 1989 (35): 1504 -1511.

[106] Doz Y., Santos J. F. P. On the Management of Knowledge: From the Transparency of Collocation and Co - setting to the Quandary of Dispersion and Differentiation [C]. INSEAD Working Paper Series, Fontainbleau, 1997.

[107] Driffield N., Love J. H. & Taylor K. Productivity and Labor Demand Effects of Inward and Outward Foreign Direct Investment on UK Industry [J]. The Manchester School, 2009, 77 (2): 171 -203.

[108] Drucker P. F. Managing in a Time of Great Change [M]. New York, NY: Truman Talley, 1998.

[109] Duguet E., MacGarvie M. How Well do Patent Citations Measure Flows of Technology? Evidence from French Innovation Surveys [J]. Economics of Innovation and New Technology, 2005, 14 (5): 375 -393.

[110] Dunning J. H. The Eclectic Paradigm of International Production: A Restatement and Some Possible Extensions [J]. Journal of International Business Studies, 1988, 19 (1), 1 -31.

[111] Elenkov D. S., Manev I. M. Senior Expatriate Leadership's Effects on Innovation and the Role of Cultural Intelligence [J]. Journal of World Business, 2009, 44 (4): 357 -369.

[112] Feinberg S. E., Gupta A. K. Knowledge Spillovers and the Assignment of R&D Responsibilities to Foreign Subsidiaries [J]. Strategic Management Journal, 2004 (25): 823 -845.

[113] Feldman M. S., March J. G. Information in Organizations as Signal and Symbol [J]. Administrative Science Quarterly, 1981, 26 (2): 171 -186.

[114] Fernάndez - Esquinas M., Pinto H. & Yruela M. P., et al. Tracing the

Flows of Knowledge Transfer: Latent Dimensions and Determinants of University – industry Interactions in Peripheral Innovation Systems [J]. Technological Forecasting and Social Change, 2016 (5): 113 – 279.

[115] Filatotchev I., Liu X., Lu J., et al. Knowledge Spillovers Through Human Mobility Across National Borders: Evidence from Zhongguancun Science Park in China [J]. Research Policy, 2011, 40 (3): 453 – 462.

[116] Florida R. The Globalization of R&D: Results of a Survey of Foreign – affliated R&D Laboratories in the USA [J]. Research Policy, 1997, 26 (1): 85 – 103.

[117] Forrester R. Sustainable Development Strategy of Industry [M]. Scientific American, 1989.

[118] Foss N., Pedersen T. Transferring Knowledge in MNCs: The Role of Sources of Subsidiary Knowledge and Organizational Context [J]. Journal of International Management, 2002 (8): 49 – 67.

[119] Fredriksson R., Barner – Rasmussen W. & Piekkari R. The Multinational Corporation as a Multilingual Organization: The Notion of a Common Corporate Language [J]. Corporate Communications: An International Journal, 2006, 11 (4): 406 – 423.

[120] Frost A. S. The Geographic Sources of Innovation in the Multinational Enterprise: US Subsidiaries and Host Country Spillovers, 1980 – 1990 [D]. Massachusetts Institute of Technology, 1998.

[121] Frost T. S., Birkinshaw J. M. & Ensign P. C. Centers of Excellence in Multinational Corporations [J]. Strategic Management Journal, 2002, 23 (11): 997 – 1018.

[122] Fu X., Hou J., Liu X. Unpacking the Relationship between Outward Direct Investment and Innovation Performance: Evidence from Chinese Firms [J]. World Development, 2018 (102): 111 – 123.

[123] Fu X., Sun Z., Ghauri P. N. Reverse Knowledge Acquisition in Emer-

ging Market MNEs: The Experiences of Huawei and ZTE [J]. Journal of Business Research, 2018 (93): 202-215.

[124] Fu X. China's Path to Innovation [M]. Cambridge: Cambridge University Press, 2015.

[125] Galunic C., Rodan S. Resource Combinations in the Firm: Knowledge Structures and the Potential for Schumpeterian Innovation [J]. Strategic Management Journal, 1998, 19 (12): 1193-1201.

[126] Galbraith C. S. Transferring Core Manufacturing Technologies in High Technology Firms [J]. California Management Review, 1990, 32 (4): 56-70.

[127] Ghoshal S., Bartlett C. A. Creation, Adoption and Diffusion of Innovations by Subsidiaries of Multinational Corporations [J]. Journal of International Business Studies, 1988, 19 (3): 365-388.

[128] Ghoshal S., Bartlett C. A. The Multinational Corporation as An Inter-organizational Network [J]. Academy of Management Review, 1990, 15 (4): 626-646.

[129] Gilbert M., Cordey-Hayes M. Understanding the Process of Knowledge Transfer to Achieve Successful Technological Innovation [J]. Technovation, 1996, 16 (6): 301-312.

[130] Giles H., Johnson P. The Role of Language in Ethnic Group Relations [M]. Turner J. C., Giles H. Intergroup Behavior. Oxford: Blackwell, 1981: 99-143.

[131] Gilfillan S. C. The Sociology of Invention: An Essay in the Social Causes of Technic Invention and Some of its Social Results; Especially as Demonstrated in the History of the Ship. A Companion Volume to the Same Author's Inventing the Ship [M]. Follett Publishing Company, 1935.

[132] Goldstein A., Bonaglia F. & Mathews J. Accelerated Internationalization by Emerging Multinationals: The Case of White Goods [J]. Journal of International Business Studies, 2006 (42): 369-383.

[133] Gong Y. Subsidiary Staffing in Multinational Enterprises: Agency, Resources, and Performance [J]. Academy of Management journal, 2003, 46 (6): 728 –739.

[134] Grossman G. M., Helpman E. Trade, Knowledge Spillovers, and Growth. European Economic review [J]. 1991. 35 (2 –3): 517 –526.

[135] Gupta A. K., Govindarajan V. Knowledge flows and the Structure of Control within Multinational Corporations [J]. Academy of Management Review, 1991, 16 (4): 768 –792.

[136] Gupta A. K., Govindarajan V. Knowledge flows within Multinational Corporations [J]. Strategic Management Journal, 2000, 21 (4): 473 –496.

[137] Gupta A. K., Govindarajan V. Resource Sharing Among SBUs: Strategic Antecedents and Administrative Implications [J]. Academy of ManagementJournal, 1986 (29): 695 –714.

[138] Haas M. R., Hansen M. T. When Using Knowledge can Hurt Performance: The Value of Organizational Capabilities in a Management Consulting Company [J]. Strategic Management Journal, 2005 (26): 1 –24.

[139] Hair J. F., Ringle C. M. & Sarstedt M. PLS – SEM: Indeed a Silver Bullet [J]. Journal of Marketing Theory and Practice, 2011, 19 (2): 139 –152.

[140] Håkanson L., Nobel R. Organizational Characteristics and Reverse Technology Transfer [M]. MIR: Management International Review, 2001: 395 –420.

[141] Håkanson L., Nobel R. Technology Characteristics and Reverse Technology Transfer [M]. MIR: Management International Review, 2000: 29 –48.

[142] Håkanson L., Zander U. Managing International Research and Development [M]. Institutet för Internationellt Företagande, 1986.

[143] Hall B. A., Jaffe & Trajtenberg M. NBER Patent Citations Data File: Lessons, Insights and Methodological Tools [C]. National Bureau of Economic Research, Working Paper, 2001.

[144] Hall B. H., Jaffe A. B. & Trajtenberg M. Market Value and Patent Cita-

tions: A First Look [C] . Working Paper, 2005.

[145] Hansen M. T. Knowledge Networks: Explaining Effective Knowledge Sharing in Multiunit Companies [J] . Organization Science, 2002, 13 (3): 232 -248.

[146] Hansen M. T. The Search - transfer Problem [J] . Administrative Science Quarterly, 1999 (44): 82 -111.

[147] Hart R. G. , Benavente O. , McBride R. , et al. Antithrombotic Therapy To Prevent Stroke in Patients with Atrial FibrillationA Meta - Analysis [J] . Annals of Internal Medicine, 1999, 131 (7): 492 -501.

[148] Harzing A. W. An Analysis of the Functions of International Transfer of Managers in MNCs [J] . Employee Relations, 2001, 23 (6): 581 -598.

[149] Hu A. G. , Jaffe A. B. Patent Citations and International Knowledge Flow: The Cases of Korea and Taiwan [J] . International Journal of Industrial Organization, 2003, 21 (6): 849 -880.

[150] Igor Filatotcheva, Xiaohui Liuc, Jiangyong Lud, Mike Wrightd. Knowledge Spillovers through Human Mobility Across National Borders: Evidence from Zhongguancun Science Park in China [J] . Research Policy, 2011 (40): 453 -463.

[151] Inkpen A. C. , Dinur A. The Transfer and Management of Knowledge in the Multinational Corporation: Considering Context [D] . Pittsburgh: Carnegie Bosch Institute, 1998.

[152] Jablin F. M. Superior - subordinate Communication: The State of the Art [J] . Psychological Bulletin, 1979 (5): 1201 -1222.

[153] Jaffe A. B. , Lerner J. Reinventing Public R&D: Patent Policy and the Commercialization of National Laboratory Technologies [J] . Rand Journal of Economics, 2001 (7): 167 -198.

[154] Jaffe A. B. , Trajtenberg M. Patents, Citations, and Innovations: A Window on the Knowledge Economy [M] . MIT Press, Cambridge, MA, 2002.

[155] Jaffe A. B. , Trajtenberg M. , Henderson R. Geographic Localization of Knowledge Spillovers as Evidenced by Patent Citations [J] . The Quarterly Journal of

Economics, 1993, 108 (3): 577 -598.

[156] Jeffrey R. Edwards. The Fallacy of Formative Measurement [J]. Organizational Research Methods, 2010, 13 (2): 370 -388.

[157] Jeong G. Y., Chae M. S., Park B. I. Reverse Knowledge Transfer from Subsidiaries to Multinational Companies: Focusing on Factors Affecting Market Knowledge Transfer [J]. Canadian Journal of Administrative Sciences/Revue Canadienne des Sciences de l'Administration, 2017, 34 (3): 291 -305.

[158] Jing -Lin Duanmu, Felicia Fai. Assessing the Context, Nature, and Extent of MNEs' Backward Knowledge Transfer to Chinese Suppliers [EB/OL]. http://www.bath.ac.uk/management/research/pdf/2004 -06.pdf, 2004.

[159] Kabiraj T., Marjit S. Protecting Consumers Through Protection: The Role of Tariff -induced Technology Transfer [J]. European Economic Review, 2003, 47 (1): 113 -124.

[160] Kankanhalli A., Tan B. C. & Wei K. K., et al. Contributing Knowledge to Electronic Knowledge Repositories: An Empirical Investigation [J]. Management Information Systems Quarterly, 2005, 29 (1): 113 -143.

[161] Katz R., Allen T. J. Investigating the Not Invented Here (NIH) syndrome: A Look at the Performance, Tenure and Communication Patterns of 50 R&D Project Groups [J]. R&D Management, 1982 (12): 7 -19.

[162] Katz R., Tushman M. Communication Patterns, Project Performance and Task Characteristics: An Empirical Evaluation and Integration in an R&D Setting [J]. Organizational Behavior and Human Performance, Organization Science, 1992 (3): 384 -397.

[163] Kedia B. L., Bhagat R. S. Cultural Constraints on Transfer of Technology Across Nations Implications for Research in International and Comparative Management [J]. Academy of Management Review, 1988 (13): 559 -71.

[164] Khamaksorn A., Kurul E., Tah J. H. M. Factors Affecting Knowledge Transfer in International Construction Joint Venture Projects [C]. International Confer-

ence on Civil, Architecture and Sustainable Development, 2017.

[165] Kogut B., Chang S. J. Technological Capabilities and Japanese Foreign Direct Investment in the United States [J]. The Review of Economics and Statistics, 1991 (4): 401-413.

[166] Kogut B., Zander U. Knowledge of the Firm and the Evolutionary Theory of the Multinational Corporation [J]. Journal of International Business Studies, 1993, 24 (4): 625-645.

[167] Kogut B., Zander U. Knowledge of the Firm, Combinative Capabilities, and the Replication of Technology [J]. Organization Science, 1992 (3): 383-97.

[168] Koskinen K. U., Pihlanto P. & Vanharanta H., et al. Tacit Knowledge Acquisition and Sharing in a Project Work Context [J]. International Journal of Project Management, 2003, 21 (4): 281-290.

[169] Koskinen K. U., Vanharanta H. The Role of Tacit Knowledge in Innovation Processes of Small Technology Companies [J]. International Journal of Production Economics, 2002, 80 (1): 57-64.

[170] Kuemmerle W. Foreign Direct Investment in Industrial Research in the Pharmaceutical and Electronics Industries - results from a Survey of Multinational Firms [J]. Research Policy, 1999, 28 (2-3): 179-193.

[171] Kuemmerle W. The Drivers of Foreign Direct Investment into Research and Development: An Empirical Investigation [J]. Journal of International Business Studies, 1999, 30 (1): 1-24.

[172] Kumar A., Motwani J., Reisman A., et al. Transfer of Technology: A Classification of Motivations [J]. Journal of Technology Transfer, 1996 (5): 34-42.

[173] Lam A. Embedded Firms, Embedded Knowledge: Problems of Collaboration and Knowledge Transfer in Global Cooperative Ventures [J]. Organization Studies, 1997, 18 (6): 973-996.

[174] Lane P. J. , Lubatkin M. Relative Absorptive Capacity and Inter – organizational Learning [J] . Strategic Management Journal, 1998 (8): 461 – 477.

[175] Lawrence P. R. , Lorsch J. W. Organization and Environment: Managing Differentiation and Integration [M] . Boston: Harvard University Press, 1967.

[176] Leonard – Barton D. Wellsprings of Knowledge [M] . Boston: Harvard Business School Press, 1995.

[177] Levitt B. , March J. G. Organizational Learning [J] . Annual Review of Sociology, 1988 (14): 319 – 340.

[178] Li X. , Wang J. & Liu X. Can Locally – recruited R&D Personnel Significantly Contribute to Multinational Subsidiary Innovation in an Emerging Economy? [J] . International Business Review, 2013, 22 (4): 639 – 651.

[179] Luo Y. , Tung R. L. International Expansion of Emerging Market Enterprises: A Springboard Perspective [J] . Journal of International Business Studies, 2007, 38 (4): 481 – 498.

[180] Luo Y. Capability Exploitation and Building in a Foreign Market: Implications for Multinational Enterprises [J] . Organization Science, 2002, 13 (1): 48 – 63.

[181] Lyles M. A. , Salk J. E. Knowledge Acquisition from Foreign Parents in International Joint Ventures: An Empirical Examination in the Hungarian Context [J] . Journal of International Business Studies, 1996, 27 (5): 877 – 903.

[182] Mathews J. A. Competitive Advantages of the Latecomer Firm: A Resource – based Account of Industrial Catch – up Strategies [J] . Asia Pacific Journal of Management, 2002, 19 (4): 467 – 488.

[183] Mathews J. A. Dragon Multinationals: New Players in 21st Century Globalization [J] . Asia Pacific Journal of Management, 2006, 23 (1): 5 – 27.

[184] McCann P. , Mudambi R. Analytical Differences in the Economics of Geography: The Case of the Multinational Firm [J] . Environment and Planning A, 2005, 37 (10): 1857 – 1876.

[185] McDonald F. , Tüselmann H. J. , Voronkova S. & Dimitratos P. The Stra-

tegic Development of Foreign - owned Subsidiaries and Direct Employment in Host locations in the United Kingdom [J]. Environment and Planning C, 2005, 23 (6): 867 - 882.

[186] Medcof J. W. A Taxonomy of Internationally Dispersed Technology Units and Its Application to Management Issues [J]. R&D Management, 1997, 27 (4): 301 - 318.

[187] Minbaeva D. B., Michailova S. Knowledge Transfer and Expatriation in Multinational Corporations: The Role of Disseminative Capacity [J]. Employee Relations, 2004, 26 (6): 663 - 679.

[188] ML Tushman, Katz R. External Communication and Project Performance: An Investigation into the Role of Gatekeepers [J]. Management Science, 1980, 26 (11): 1071 - 1085.

[189] Mohammad A. H., Saiyd N. A. M. A. Guidelines for Tacit Knowledge Acquisition [J]. 2012 (7): 110 - 118.

[190] Mowery D. C., Oxley J. E & Silverman B. S. Strategic Alliances and Inter - firm Knowledge Transfer [J]. Strategic Management Journal, 1996 (17): 77 - 91.

[191] Mudambi R., Navarra P. Is Knowledge Power? Knowledge Flows, Subsidiary Power and Rent - seeking within MNCs [J]. Journal of International Business Studies, 2004, 35 (5): 385 - 406.

[192] Nair S. R., Demirbag M., Mellahi K. Reverse Knowledge Transfer in Emerging Market Multinationals: The Indian Context [J]. International Business Review, 2016, 25 (1): 152 - 164.

[193] Nair S. R., Demirbag M., Mellahi K., et al. Do Parent units Benefit from Reverse Knowledge Transfer? [J]. British Journal of Management, 2018, 29 (3): 428 - 444.

[194] Neeley T., Dumas. Unearned Status Gain: Evidence from a Global Language [J]. Academy of Management Journal, 2016, 59 (1): 14 - 43.

[195] Nelson R. R., Winter S. G. An Evolutionary Theory of Economic Change

[M] . Cambrige, MA: Harvard Universtiy Press, 1922.

[196] Nieto M. J. , Rodriguez A. Offshoring of R&D: Looking Abroad to Improve Innovation Performance [J] . Journal of International Business Studies, 2011 (42): 345 -361.

[197] Nishant Kumar. Managing Reverse Knowledge flow in Multinational Corporations [J] . Journal of Knowledge Management, 2013, 17 (5): 695 -708.

[198] Nobel R. , Birkinshaw J. Innovation in Multinational Corporations: Control and Communication Patterns in International R&D Operations [J] . Strategic Management Journal, 1998 (5): 479 -496.

[199] Nonaka I. A Dynamic Theory of Organizational Knowledge Creation [J] . Organization Science, 1994, 5 (1): 14 -37.

[200] Nonaka I. The Knowledge - creating Company [J] . Harvard Business Review, 2008, 69 (6): 96 -104.

[201] Noorderhaven N. , Harzing A. W. Knowledge - sharing and Social Interaction within MNEs [J] . Journal of International Business Studies, 2009 (40): 719 - 741.

[202] Oh K. S. , Anchor J. R. , Jeong G. Y. Reverse Knowledge Transfer from Subsidiaries to MNCs in Korea: Size Matters [J] . International Journal of Multinational Corporation Strategy, 2016, 1 (3 -4): 179 -203.

[203] Palvia P. C, Palvia S. C. J. & Whitworth J. E. Global Information Technology: A Meta Analysis of Key Issues [J] . Information & Management, 2002, 39 (5): 403 -414.

[204] Papanastassiou M. , Pearce R. D. Technology Sourcing and the Strategic Roles of Manufacturing Subsidiaries in the UK: Local Competences and Global Competitiveness [J] . Management International Review, 1997, 37 (1): 5 -25.

[205] Pauleen D. J. , Wu L. L. & Dexter S. Exploring the Relationship between National and Organizational Culture, and Knowledge Management [M] . Westport, Conn: Libraries Unlimited Press, 2007.

[206] Pearce R. D. The Evolution of Technology in Multinational Enterprises: The Role of Creative Subsidiaries [J]. International Business Review, 1999 (8): 125 – 148.

[207] Pearce R., Papanastassiou M. Global – innovation Strategies of MNEs and European Integration: The Role of Regional R&D Facilities [M]. New York: St. Martin's Press, 1997.

[208] Pearce R. D. Decentralised R&D and Strategic Competitiveness: Globalised Approaches to Generation and Use of Technology in Multinational Enterprises (MNEs) [J]. Research Policy, 1999, 28 (2): 157 – 178.

[209] Pedersen T., Petersen B. & Sharma D. D. Knowledge Transfer Performance of Multinational Companies [J]. Management International Review, 2003 (43): 69 – 90.

[210] Peltokorpi V., Vaara E. Knowledge Transfer in Multinational Corporations: Productive and Counterproductive Effects of Language – sensitive Recruitment [J]. Journal of International Business Studies, 2014, 45 (5): 600 – 622.

[211] Perez J. R., Pablos P. O. Knowledge Management and Organizational Competitiveness: A Framework for Human Capital Analysis [J]. Journal of Knowledge Management, 2003, 7 (3): 82 – 91.

[212] Pfeffer J. Power in Organizations [M]. Pitman, Marshfield, MA, 1981.

[213] Piekkari R., Welch D. E. & Welch L. Language in International Business: The Multilingual Reality of Global Business Expansion [M]. Cheltnham. UK: Edward Elgar, 2014.

[214] Polanyi M. The Logic of Tacit Inference [J]. Philosophy, 1966, 41 (155): 1 – 18.

[215] Rabbiosi L., Santangelo G. D. Parent Company Benefits from Reverse Knowledge Transfer: The Role of the Liability of Newness in MNEs [J]. Journal of World Business, 2013, 48 (1): 160 – 170.

[216] Rabbiosi L. Subsidiary Roles and Reverse Knowledge Transfer: An Investi-

gation of the Effects of Coordination Mechanisms [J]. Journal of International Management, 2011, 17 (2): 97-113.

[217] Rajalo S., Vadi M. University-industry Innovation Collaboration: Reconceptualization [J]. Technovation, 2017 (5).

[218] Ramamurti R., Singh J. V. Emerging Multinationals in Emerging Markets [M]. Cambridge: Cambridge University Press, 2009.

[219] Reiche B. S., Harzing A. W. & Pudelko M. Why and how does Shared Language Affect Subsidiary Knowledge Inflows? A Social Identity Perspective [J]. Journal of International Business Studies, 2015, 46 (5): 528-551.

[220] Rodriguez Perez J., Ordóñez de Pablos P. Knowledge Management and Organizational Competitiveness: A Framework for Human Capital Analysis [J]. Journal of Knowledge Management, 2003, 7 (3): 82-91.

[221] Rogers E. M., Takegami S. & Yin J. Lessons Learned about Technology Transfer [J]. Technovation, 2001, 21 (4): 253-261.

[222] Rosa J. M., Mohnen P. Knowledge Transfers between Canadian Business Enterprises and Universities: Does Distance Matter? [J]. Annales d' Economie et deStatistique, 2008 (87-88): 303-323.

[223] Rosa J. M., Mohnen P. Knowledge Transfers between Canadian Business Enterprises and Universities: Does Distance Matter? [J] Annales Economie Statistique, 2008 (6): 303-323.

[224] Rosenberg N. Inside the Black Box. Technology and Economics [M]. Cambridge: Cambridge University Press, 1982.

[225] Sanna Randaccio F. R., Veugelers. Multinational Knowledge Spillovers with Decentralised R&D: A Game-theoretic Approach [J]. Journal of International Business Studies, 2007, 38 (1): 47-63.

[226] Schlegelmilch Bodo B., Tina Claudia Chini. Knowledge Transfer between Marketing Functions in Multinational Companies: A Conceptual Model [J]. International Business Review, 2003 (12): 215-232.

[227] Schulz M. Pathways of Relevance: Exploring Inflows of Knowledge into Subunits of Multinational Corporations [J]. Organization Science, 2003, 14 (4): 440 - 459.

[228] Schulz M. The Uncertain Relevance of Newness: Organizational Learning and Knowledge Flows [J]. Academy of Management Journal, 2001, 44 (4): 661 - 681.

[229] Scott C. R., Corman S. R. & Cheney G. C. Development of a Structural Model of Identification in the Organization [J]. Communication Theory, 1998, 8 (3): 298 - 336.

[230] Shan W., Song J. Foreign Direct Investment and the Sourcing of Technological Advantage: Evidence from the Biotechnology Industry [J]. Journal of International Business Studies, 1997, 28 (2): 267 - 284.

[231] Sherif M., Cantrill H. The Psychology of Ego Involvements [M]. New York: Social Attitudes and Identifications. Wiley, 1947.

[232] Shimizutani S., Todo Y. What Determines Overseas R&D Activities? The Case of Japanese Multinational Firms [J]. Research Policy, 2008, 37 (3): 530 - 544.

[233] Shin S. K., Kook W. Can Knowledge be more Accessible in a Virtual Network: Collective Dynamics of Knowledge Transfer in a Virtual Knowledge Organization Network [J]. Decision Support Systems, 2014 (59): 180 - 189.

[234] Silveira F. F., Sbragia R., Lopez - Vega H. & Tell F. Determinants of Reverse Knowledge Transfer for Emerging Market Multinationals: The Role of Complexity, Autonomy and Embeddedness [J]. Revista de Administração (São Paulo), 2017, 52 (2): 176 - 188.

[235] Simonin B. L. An Empirical Investigation of the Process of Knowledge Transfer in International Strategic Alliances [J]. Journal of International Business Studies, 2004, 35 (5): 407 - 427.

[236] Simonin B. L. Transfer of Marketing Know - how in International Strategic

Alliances: An Empirical Investigation of the Role and Antecedents of Knowledge Ambiguity [J] . Journal of International Business Studies, 1999, 30 (3): 463 -490.

[237] Singh J. Collaborative Networks as Determinants of Knowledge Diffusion Patterns [J] . Management Science, 2005, 51 (5): 756 -770.

[238] Song J. , Almeida P. & Wu G. Learning - by - Hiring: When is Mobility more Likely to Facilitate Interfirm Knowledge Transfer? [J] . Management Science, 2003, 49 (4): 351 -365.

[239] Stenmark D. Leveraging Tacit Organisational Knowledge [J] . Journal of Management Information Systems, 2001, 17 (3): 9 -24.

[240] Strach P. , Everett A. M. Knowledge Transfer within Japanese Multinationals: Building a Theory [J] . Journal of Knowledge Management, 2006, 10 (1): 55 -68.

[241] Strasser A. , Westner M. Knowledge Transfer in IS Offshoring: Processes, Roles, and Success Factors [C] . PACIS, 2015: 210.

[242] Swap W. , Leonard D. , Shield M. , et al. Using Mentoring and Storytelling to Transfer Knowledge in the Workplace [J] . Journal of Management Information System, 2001, 18 (1): 95 -114.

[243] Szulanski G. Exploring Internal Stickiness: Impediments to the Transfer of Best Practices within the Firm [J] . Strategic Management Journal, 1996 (17): 27 -43.

[244] Szulanski G. The Process of Knowledge Transfer: A Diachronic Analysis of Stickiness [J] . Organizational Behavior and Human Decision Processes, 2000, 82 (1): 9 -27.

[245] Teece D. J. Technology Transfer by Multinational Firms: The Resource Cost of Transferring Technological Know - how [J] . The Economic Journal, 1977, 87 (346): 242 -261.

[246] Tiemessen I. , Lane H. W. , Crossan M. M. & Inkpen A. C. Knowledge Management in International Joint Ventures [M] . CA: New Lexington Press, 1997:

370 – 399.

[247] Tsai W. Knowledge Transfer in Interorganizational Networks: Effects of Network Position and Absorptive Capacity on Business unit Innovation and Performance [J]. Academy of Management Journal, 2001 (44): 996 – 1004.

[248] Tushman M. L., Katz R. External Communication and Project Performance: An Investigation into the Role of Gatekeepers [J]. Management Science, 1980, 26 (11): 1071 – 1085.

[249] Van den Bosch FAJ, Volberda H. W. & De Boer M. Coevolution of firm Absorptive Capacity and Knowledge Environment: Organizational forms and Combinative capabilities [J]. Organization Science, 1999 (10): 551 – 68.

[250] Vance C. M., Vaiman V. & Andersen T. The Vital Liaison Role of Host Country Nationals in MNC Knowledge Management [J]. Human Resource Management, 2009, 48 (4): 649 – 659.

[251] Vásquez – Urriago Á R., Barge – Gil A. & Rico A. M. Science and Technology Parks and Cooperation for Innovation: Empirical Evidence from Spain [J]. Research Policy, 2016, 45 (1): 137 – 147.

[252] Vedovello C. Science Parks and University – industry Interaction: Geographical Proximity between the Agents as a Driving Force [J]. Technovation, 1997, 17 (9): 491 – 531.

[253] Vernon R. International Investment and International Trade in the Product Cycle [J]. The Quarterly Journal of Economics, 1966 (7): 190 – 207.

[254] Verspagen B. Estimating International Technology Spillovers Using Technology Flow Matrices [J]. Weltwirtschafeliches Archiv, 1997, 133 (2): 226 – 248.

[255] Von Zedtwitz M., Gassmann O. Market Versus Technology Drives in R&D Internationalization: Four Different Patterns of Managing Research and Development [J]. Research Policy, 2002, 31 (4): 569 – 588.

[256] Wang D. Activating Cross – border Brokerage: Interorganizational Knowledge Transfer through Skilled Return Migration [J]. Administrative Science Quarter-

ly, 2015, 60 (1): 133 –176.

[257] Wei Y. , Liu X. Productivity Spillovers among OECD, Diaspora and Indigenous Firms in Chinese Manufacturing [EB/OL] . http: //www. lums. co. uk/publications, 2003.

[258] Wernerfelt B. From Critical Resources to Corporate Strategy [J] . Journal of General Management, 1989 (14): 4 –12.

[259] Whetten D. A. What Constitutes a Theoretical Contribution? [J] . Academy of Management Review, 1989, 14 (4): 490 –495.

[260] Xiaohui Liu, Jiangyong Lu & Seong –jin Choi. Bridging Knowledge Gaps: Returnees and Reverse Knowledge Spillovers from Chinese Local Firms to Foreign Firms [J] . Management International Review, 2014 (54): 253 –276.

[261] Yuan X. , Zhang Y. OFDI Reverse Technology Spillovers of Western China [J] . Open Journal of Social Sciences, 2018, 6 (2): 62.

[262] Yoneyama S. Building External Networks and Its Effect on the Performance of Overseas R&D Base [J] . International Journal of Innovation Management, 2012, 16 (3): 155.

[263] Zahra S. A. , George G. Absorptive Capacity: A Review, Reconceptualization, and Extension [J] . Academic Management Review, 2002; 27 (2): 185 –203.

[264] Zander U. , Kogut B. Knowledge and the Speed of the Transfer and Imitation of Organizational Capabilities: An Empirical Test [J] . Organization Science, 1995, 6 (1): 76 –92.

[265] Zander U. Exploiting a Technological Ddge – Voluntary Dissemination of Technology [D] . Stockholm: Institute of International Business, Stockholm School of Economics, 1991.

[266] Zanfei A. Transnational Firms and the Changing Organisation of Innovative Activities [J] . Cambridge Journal of Economics, 2000, 24 (5): 515 –542.

[267] Zhang Y. Channel Preference of Knowledge Sourcing [J] . Dissertations &

Theses Gradworks, 2008 (7).

[268] Zhao W., Liu L. & Zhao T. The Contribution of Outward Direct Investment to Productivity Changes within China, 1991 –2007 [J]. Journal of International Management, 2010, 16 (2): 121 –130.

后　记

本书是2019年完成的博士论文，当年获评“中央财经大学优秀博士论文”。论文中使用系统动力学进行仿真研究这一部分内容，经过修改已经发表在《南开管理评论》杂志（CSSCI，国家自然科学基金委认定的A类期刊）的2020年第6期（题为：跨国研发中心逆向技术流动绩效的影响因素——基于系统动力学的建模与仿真研究），并被人大复印报刊资料全文转载（2021年第1期）。博士论文今天得以最终出版，很欣慰。当拿到最终校稿时，思绪回到博士求学和论文写作的一幕幕。

非常荣幸，我可以成为崔新健教授的博士研究生。在博士论文的写作过程中，有幸得到了导师非常详尽的指导，深刻体会到了学术研究的“科学”和“规范”。博士论文从选题、结构框架，再到行文，每个部分都离不开导师的指点。数不清的小组讨论、春节假期中数小时的电话远程指导、凌晨还在回复的邮件……都将定格成图像，保存在脑海。在此衷心祝愿老师身体健康，万事如意！

提及至此，还要感谢导师的引荐，让我有幸在加拿大博士联合培养时加入卡尔顿大学商学院季绍波教授的师门。季教授及其师门不仅给予我多方面的学术支持，还在日常生活方面给予了尽可能的关照，让我在加拿大只用了半年就实现了在当地的研究，且在持续寒冬的渥太华感受到阵阵暖意。

感谢博士论文在预答辩、盲审以及终答辩时给予宝贵意见的所有校内外专家、老师！

感谢本次出版成书过程中负责校稿和修订的所有编辑老师！

感谢我的家人，每一点滴成绩都离不开你们的倾情支持！

囿于个人研究水平，本书仍难免存在不严谨或疏漏之处，欢迎各位学者专家批评、指正或交流！（个人邮箱：jiahao0913@163.com）

再次感恩，感谢！